中国林业产业发展指南 2014-2015

中国林业产业联合会 主编

中国林业出版社

图书在版编目(CIP)数据

中国林业产业发展指南. 2014～2015 / 中国林业产业联合会主编. －北京:中国林业出版社, 2015. 12

ISBN 978－7－5038－8324－8

Ⅰ. ①中… Ⅱ. ①中… Ⅲ. ①林业经济－产业发展－中国－2014～2015－指南 Ⅳ. ①F326.23－62

中国版本图书馆 CIP 数据核字(2015)第 311208 号

出版 中国林业出版社(100009 北京西城区刘海胡同 7 号)
电话 010－83143564
发行 中国林业出版社
印刷 中国农业出版社印刷厂
版次 2015 年 12 月第 1 版
印次 2015 年 12 月第 1 次
开本 787mm×1092mm, 1/16
印张 9
字数 220 千字
定价 65.00 元

中国林业产业发展指南课题组

编辑委员会

编辑部

代序[1]

生态，不仅关系着人类的发展，而且关乎人类的生存。21世纪，人类社会共同面临最大的、最严峻的挑战，就是生态危机。如果生态危机加剧，必定把人类推到悬崖边上。关注生态危机，就是要最大限度地削减它的影响。

生态指的是自然界存在的状态，强调的是生命体和宇宙的关系，是涵盖在环境范畴之中的一个概念。文明指的是社会进步的状态。生态文明就是人类文明中反映社会进步与自然界和谐程度的状态，它从人和自然关系角度来反映人类进步的程度。从横向看，生态文明与物质文明、经济文明和政治文明一样，都是人类文明体系的重要组成部分。从纵向看，生态文明和原始文明、农业文明、工业文明一样，都属于历史范畴。

在人类文明发展的长河中，古玛雅文明、古巴比伦文明、古埃及文明都已经消失得无影无踪，我国古楼兰、古大夏也都已经沉没到沙海里了。究其原因，都是源于对自然界毫无节制的索取和对生态肆无忌惮的破坏。因此，生态文明建设中，自然界的承载力是基础，是不能逾越的红线，如果背离了自然界的承载力，就如同汽车只有油门，没有刹车，其发展和前进，无疑是直奔死亡。当前，人类对自然资源的索取，已经到达自然界承载力的极限。生态和环境的危机，已经成为当今世界众多危机的根源和放大器。因此，生态文明是人类社会发展的潮流和趋势，转变发展方式，调整经济结构，走绿

① 摘选自作者在2015年4月22日《论生态文明》一书座谈会上的发言。

色发展、低碳发展之路是必由之路。在我国，要追求的生态文明，是人和自然和谐相处、良性互动、持续发展的高级形态的文明，是建设以资源环境承载力为基础、以自然规律为准则、以和谐发展为目标的资源节约型和环境友好型社会。党的十八大报告指出，要把生态文明建设融入到政治建设、经济建设、文化建设的各个领域。融入的路径是什么？政府的行政强制措施以及法律手段，都很重要，但最关键的是唤起全民的生态意识。唤起全民生态意识，关键是加强宣传教育。一方面要形成一套社会主义生态文明建设理论体系，把它融入到核心价值观里面，对干部群众进行反复的教育。我们的祖先就有着非常朴素的生态文明理念，如"天人合一"，就是讲人和自然要和谐相处，人不能主宰世界，自然万物都是平等的。另一方面，要把生态意识渗透到国民教育中去，让生态文明知识走进课堂。要把国家林业局的生态文明教育基地、中国科协的科技馆、文化部的少年宫等资源整合，推动孩子们走进自然、亲近自然，通过亲身体验增强其生态意识。去年，全国政协人口资源环境委员会举办了一个"童眼观生态"的活动，就是请孩子们到科技馆、少年宫参观，然后把自己的感受通过诗歌、散文、绘画和摄影等形式展现出来，环资委再从中选取优秀的作品进行展览，很多孩子都踊跃参加，家长们对此也一致好评。

只有走生态文明的道路，美丽中国才能实现，中华民族才能持续发展，人类社会才能永远在地球上繁衍生息。

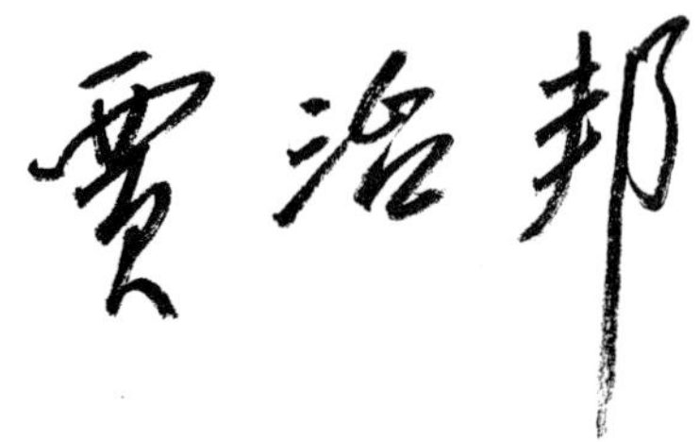

目录

第三部分　指南研究制定的支撑报告

第四部分　中国林业产业的热门话题

附　录

后　记

第一部分

总 论

2014年中国林业产业发展综述

2014年，我国林业产业持续发展，产业规模继续扩大，产业结构进一步优化，以林业旅游与休闲为主的林业服务业快速发展，各类经济林产品和木竹加工产品产量稳定增长。

一、林业产业总产值

2014年全国林业产业总产值达到5.40万亿元(按现价计算)，比2013年增长14.20%。自2001年以来，全国林业产业总产值的平均增速达到21.96%(图1)。分产业看，第一产业产值为18559.46亿元，占全部林业产业总产值的34.35%，同比增长14.75%；第二产业产值为28088.04亿元，占全部林业产业总产值的51.98%，同比增长12.46%；第三产业产值为7385.44亿元，占全部林业产业总产值的13.67%，同比增长19.80%。林业三次产业的产值结构已由"十一五"期末的39:52:9，调整为目前的34:52:14，以林业旅游与休闲为主的林业服务业所占比重逐年增大，产业结构逐步优化。

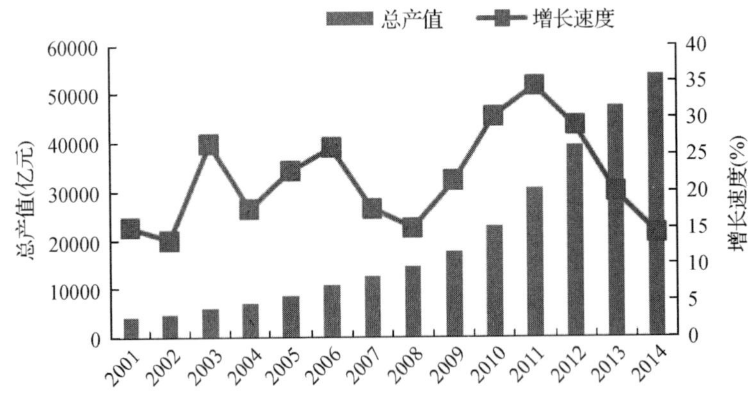

图1　2001~2014年全国林业产业总产值及其增长速度

2014年，出现两个超万亿元的林业支柱产业，分别是经济林产品种植与采集业、木材加工及木竹制品制造业。包括干鲜果品、茶、中药材以及森林食品等在内的经济林产品种植与采集业产值为10728.04亿元，占第一产业产值的比重为57.80%；包括锯材、人造板、木竹地板等在内的木材加工及木竹制品制造业产值为11028.95亿元，占第二产业产值的比重为39.27%；第三产业中，林业旅游与休闲服务业产值为5321.24亿元，占第三产业产值的比重最大，为72.05%，全年涉林旅游和休闲的人数达到19.83亿人次。

分地区看①，东部地区林业产业总产值为26456.97亿元；中部地区林业产业总产值为11593.94亿元；西部地区林业产业总产值为11211.39亿元；东北地区林业产业总产值为4770.65亿元。中、西部地区林业产业增长速度最快，增速都超过20%。东部地区林业产业总产值所占比重最大，占全部林业产业总产值的48.96%。林业产业总产值超过3000亿元的省份共有6个，分别是广东、山东、福建、江苏、广西和浙江(图2)。

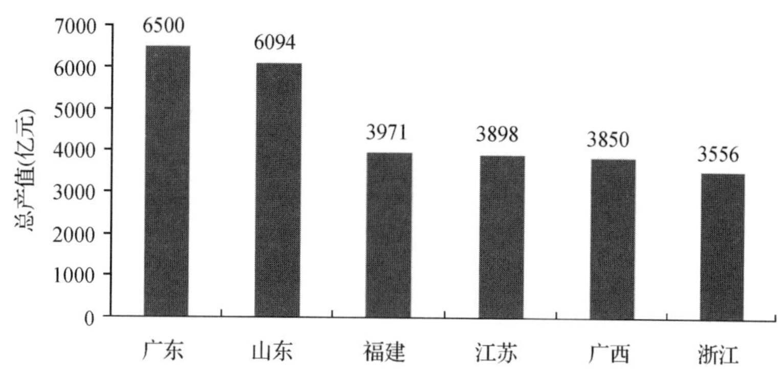

图2　林业产业总产值超3000亿元省份

二、木材安全保障

2014年，全国木材储备生产基地建设继续推进，国家木材储备战略联盟成立，并划定首批国家储备林100万公顷，改造培育40万公顷。全国木材储备生产基地建设共完成造林经营面积11.14万公顷。速生丰产用材林基地建设共完成各地类造林36.33万公顷。

三、木材生产及林产工业

(一)木材产量

2014年，全国商品材产量略有减少，为8233.30万立方米(图3)。在全部木材产量中，原木产量为7553.46万立方米，薪材产量为679.84万立方米。东北、内蒙古国有林区木材产量比上年减少82.21万立方米，商品材产量持续调减。此外，全国农民自用材采伐量773.11万立方米，农民烧材采伐量2127.40万立方米。

(二)锯材与木片、木粒加工产品产量

2014年，全国锯材产量为6836.98万立方米，比2013年增长8.56%。木片、木粒加工产品产量为4314.09万实积立方米，比2013年增长9.62%。

---

① 本报告采用国家四大区域的分类方法，即将全国划分为东部、中部、西部和东北四大区域。东部地区包括：北京、天津、河北、上海、江苏、浙江、福建、山东、广东、海南10个省(直辖市)；中部地区包括：山西、安徽、江西、河南、湖北、湖南6个省；西部地区包括：内蒙古、广西、重庆、四川、贵州、云南、西藏、陕西、甘肃、青海、宁夏、新疆12个省(自治区、直辖市)；东北地区包括：辽宁、吉林、黑龙江3个省和大兴安岭地区。

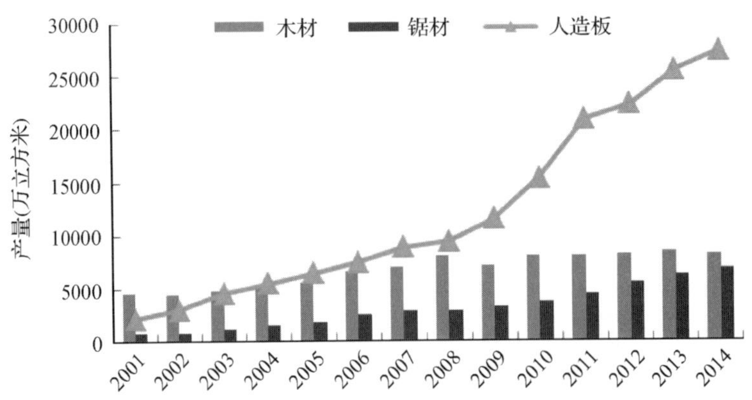

图 3　2001 ~ 2014 年全国木材、锯材及人造板产量

（三）人造板产量

2014 年，全国人造板产量为 27371.79 万立方米，比 2013 年增长 7.09%。在全部人造板产量中，胶合板产量为 14970.03 万立方米，比 2013 年增长 9.07%，占全部人造板产量的 54.69%；纤维板产量为 6462.63 万立方米，与上年基本持平，占全部人造板产量的 23.61%，其中中密度纤维板产量为 5682.57 万立方米；刨花板产量为 2087.53 万立方米，比 2013 年增长 10.75%，占全部人造板产量的 7.63%；其他人造板产量为 3851.60 万立方米（细木工板占 62%），比 2013 年增长 8.57%，占全部人造板产量的 14.07%。

从分省情况看，山东、江苏、广西、安徽、河南、河北、广东 7 省（自治区）产量均超过 1000 万立方米，7 省（自治区）人造板产量共计 21073.54 万立方米，占全国人造板产量的 76.99%（图 4）。

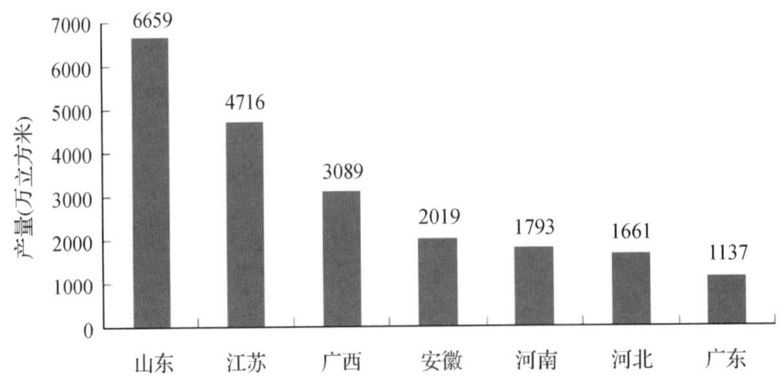

图 4　2014 年人造板产量位列前 7 名的省份

（四）木竹地板产量

2014 年全国木竹地板产量为 7.60 亿平方米，比 2013 年增长 10.30%。在木竹地板产量中，实木地板 1.50 亿平方米，占全部木竹地板产量的 19.68%；实木复合地板 2.43 亿平方米，占全部木竹地板产量的 31.95%；强化木地板（浸渍纸层压木质地板）

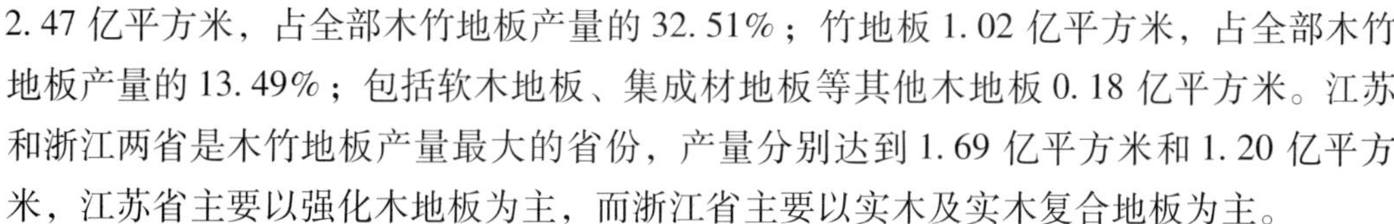

2.47 亿平方米，占全部木竹地板产量的 32.51%；竹地板 1.02 亿平方米，占全部木竹地板产量的 13.49%；包括软木地板、集成材地板等其他木地板 0.18 亿平方米。江苏和浙江两省是木竹地板产量最大的省份，产量分别达到 1.69 亿平方米和 1.20 亿平方米，江苏省主要以强化木地板为主，而浙江省主要以实木及实木复合地板为主。

（五）林产化工产品产量

2014 年，全国松香类产品产量为 170.07 万吨，比 2013 年增长 3.56%。松节油类产品产量为 23.08 万吨，比 2013 年下降 13.41%。樟脑产量为 1.32 万吨，冰片产量为 2610 吨，栲胶类产品产量为 5013 吨，紫胶类产品产量为 4645 吨。包括木炭、竹炭、活性炭等各类木竹热解产品产量为 134.08 万吨。

四、经济林、竹、油茶、花卉产业

2014 年，国务院办公厅出台《关于加快木本油料产业发展的意见》，国家林业局印发了优势特色经济林发展布局、森林等自然资源旅游、林下经济等专项规划，制定了扶持特色经济林产业发展指导意见。全国各类经济林产品产量稳定增长，达到 1.58 亿吨，比 2013 年增长 6.81%。从产品类别看，水果产量为 1.35 亿吨，比 2013 年增长 6.72%；干果产量为 1148 万吨，比 2013 年增长 5.41%；毛茶等林产饮料产品产量为 210 万吨；花椒、八角等林产调料产品产量为 65 万吨；竹笋干、食用菌等森林食品产量为 340 万吨；杜仲、枸杞等木本药材产量为 171 万吨；油茶等木本油料产量为 212 万吨；松脂、油桐籽等林产工业原料产量为 187 万吨。

（一）大径竹产量

2014 年，全国大径竹产量为 22.24 亿根，比 2013 年增长 18.52%，其中毛竹产量为 13.08 亿根，其他大径竹产量为 9.16 亿根。竹产业产值达 1845 亿元。

（二）油茶

2014 年，油茶种植面积达到 365 万公顷，当年新造油茶林 15.75 万公顷，低产林改造 13.75 万公顷。繁殖圃 471 个，苗木产量 8.66 亿株，油茶籽产量为 202 万吨，比 2013 年增长 13.90%。从事油茶良种苗木培育、种植、茶油以及其他副产品生产加工的企业发展到 1844 家，油茶产业产值达 553 亿元。

（三）花卉

2014 年，全国花卉种植面积 102.21 万公顷，花卉种植业产值达到 1855 亿元。切花切叶 176 亿支；盆栽植物 45 亿盆；观赏苗木 111 亿株；草坪 3.79 亿平方米。具有一定规模的花卉市场 4400 多个，花卉企业 4.92 万家，其中大中型花卉企业 9000 多家；花卉从业人员 493 万人，花农 136 万户；控温温室面积和日光温室面积分别为 6585 万平方米和 16813 万平方米。

五、主要林业产品销售价格

2014 年，全国主要林业产品综合平均价格涨跌互现，其中木材、竹材价格有所提高，木竹加工产品价格普遍提高，林化产品价格有所下降。木材综合平均价格为每立方米822元，比2013年提高10.78%，大径竹材综合平均价格为每根10元，比2013年略有增长；锯材综合平均价格为每立方米1359元，木片综合平均价格为每实积立方米847元，木地板综合平均价格为每平方米191元，胶合板综合平均价格为每立方米1679元，硬质纤维板综合平均价格为每立方米1913元，中密度纤维板综合平均价格为每立方米1607元，刨花板综合平均价格为每立方米1304元；受国际价格影响，松香和紫胶综合平均价格分别比2013年下降29.09%和28.54%，为每吨8931元和34569元。栲胶综合平均价格为每吨11311元，比2013年提高18.17%。

（本文数据由国家林业局发展规划与资金管理司统计处提供）

2014 年全国林业产业发展状况分析

从2011 年国家开始实施“十二五”发展规划到2014 年的4 年中，全国林业产业战线在各级党、政及林业部门的领导下，积极贯彻落实党和国家关于发展林业产业的各项方针政策，采取措施有效应对国际经济缓慢发展给产品出口带来的不利影响，使林业产业继续保持了强劲的发展势头，林业产业总产值规模不断扩大，主要产品产量继续增长。森林公园旅游实现接待游客人数与直接旅游收入的两位数增长。总体来看，全国林业产业发展状况良好。

一、产业总产值规模不断扩大，产业结构继续调整

根据国家林业局的统计结果，2014 年全国林业产业总产值（按现价计算，下同）完成5.40 万亿元，比2013 年的4.73 万亿元增长14.20%，比2010 年的2.28 万亿元增长137.21%。4 年中，全国林业产业总产值平均每年增长24.1%，这说明林业产业发展还是比较强劲的。

分产业来说，2014 年全国林业第一、二、三产业产值分别完成18559.46 亿元、28088.04 亿元和7385.44 亿元，比2013 年的16373.79 亿元、24976.16 亿元和5965.48 亿元分别增长14.75%、12.46%和19.80%，比2010 年的8895.21 亿元、11876.95 亿元和2006.86 亿元分别增长108.65%、136.49%和268.01%。4 年中，第一、二、三产业产值平均每年分别增长20.20%、24.0%和38.50%。这说明第三产业发展迅猛，平均增速远远高于第一、二产业。

从各产业产值占林业产业总产值的比重来看，2014 年一、二、三产业产值比重分别达到34.35%、51.98%和13.67%，与2010 年的39.05%、52.14%和8.81%相比，可以看出，产业结构在调整优化，除第二产业所占比重基本持平外，第一产业所占比重在缩小，第三产业所占比重在迅速扩大，这是产业发展的必然趋势（表1）。

2014 年全国林业产业总产值完成情况：广东（产值为6500.34 亿元）和山东（产值为6093.64 亿元）两个省产值超过6000 亿元；福建（产值为3971.31 亿元）、江苏（产值为3897.66 亿元）、广西（产值为3849.97 亿元）和浙江（产值为3555.59 亿元）4 个省（自治区）产值超过3000 亿元。这6 个省（自治区）的林业产业总产值为27868.51 亿元，占全国林业产业总产值的一半还强（达51.58%）。

表1 2005~2014年全国林业产业总产值[①]及各产业产值比重

年度	全国林业产业		第一产业	第二产业	第三产业
2005	产值(亿元)	8458.74	4355.56	3486.54	616.64
	比重(%)	100.00	51.49	41.22	7.29
2006	产值(亿元)	10652.22	4708.82	5198.40	745.00
	比重(%)	100.00	44.21	48.80	6.99
2007	产值(亿元)	12533.42	5546.21	6033.92	953.29
	比重(%)	100.00	44.25	48.14	7.61
2008	产值(亿元)	14406.41	6358.82	6838.25	1209.34
	比重(%)	100.00	44.14	47.47	8.39
2009	产值(亿元)	17493.73	7225.26	8717.92	1550.55
	比重(%)	100.00	41.30	49.84	8.86
2010	产值(亿元)	22779.02	8895.21	11876.95	2006.86
	比重(%)	100.00	39.05	52.14	8.81
2011	产值(亿元)	30596.73	11056.19	16688.40	2852.14
	比重(%)	100.00	36.14	54.54	9.32
2012	产值(亿元)	39450.91	13748.52	20898.30	4804.09
	比重(%)	100.00	34.85	52.97	12.18
2013	产值(亿元)	47315.43	16373.79	24976.16	5965.48
	比重(%)	100.00	34.60	52.79	12.61
2014	产值(亿元)	54032.94	18559.46	28088.04	7385.44
	比重(%)	100.00	34.35	51.98	13.67

①总产值按现价计算。

二、主要产品产量均有不同程度的增长

1. 木材

2014年全国木材产量完成8233.30万立方米，其中原木产量为7553.46万立方米，与2013年相比，略有减少，原因主要是按照国家要求，黑龙江森工和大兴安岭林业集团停止商业性采伐所致。与2010年相比，分别增长1.78%和0.54%。

2. 大径竹

2014年全国大径竹产量完成22.24亿根，与2013年的187685万根相比，增长18.52%，与2010年的143008万根相比，增长55.54%。4年中，大径竹产量平均每年增长11.7%。在大径竹产量中，毛竹产量为130843万根，与2013年的114558万根相比，增长14.22%，与2010年的93496万根相比，增长39.95%。4年中，毛竹产量平均每年增长8.7%。

3. 锯材

2014年全国锯材产量完成6836.98万立方米，与2013年的6297.60万立方米相比，增长8.56%，与2010年的3722.63万立方米相比，增长83.66%。4年中，锯材产量平均每年增长16.4%(图1)。

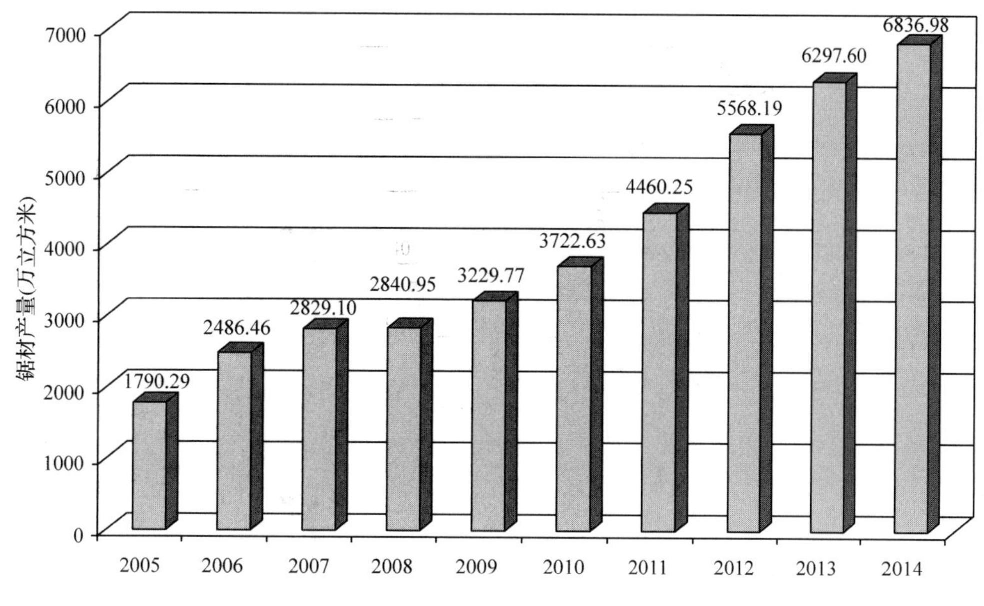

图 1　2005～2014 年全国锯材产量

4. 人造板

2014 年全国人造板产量完成 2.74 亿立方米，与 2013 年的 2.56 亿立方米相比，增长 7.09%，与 2010 年的 15360.83 万立方米相比，增长 78.19%。4 年中，人造板产量平均每年增长 15.5%。

在全国人造板产量中，三板产量的完成情况如下：

2014 年全国胶合板、纤维板和刨花板的产量分别为 14970.03 万立方米、6462.63 万立方米和 2087.53 万立方米，与 2013 年的 13725.19 万立方米、6402.10 万立方米和 1884.95 万立方米相比，分别增长 9.07%、0.95% 和 10.75%，与 2010 年的 7139.66 万立方米、4354.54 万立方米和 1264.20 万立方米相比，胶合板产量增长最快，翻了 1 番还多(达 109.67%)，纤维板和刨花板产量增长幅度也比较大，分别达到 48.40% 和 65.13%。4 年中，胶合板、纤维板和刨花板产量平均每年分别增长 20.3%、10.4% 和 13.4%。把胶合板、纤维板和刨花板的产量加起来，2014 年全国三板产量为 2.35 亿立方米(总计为 23520.19 万立方米，占全国人造板产量的 85.93%)，与 2013 年的 22012.24 万立方米相比，增长 6.85%，与 2010 年的 12758.40 万立方米相比，增长 84.35%。4 年中，全国三板产量平均每年增长 16.5%(表 2)。

表 2　2005～2014 年全国人造板及其中“三板”产量　　万立方米

年度	全国人造板产量	其中：三板	胶合板	纤维板	刨花板
2005 年	6392.89	5151.61	2514.97	2060.56	576.08
2006 年	7428.56	6038.64	2728.78	2466.60	843.26
2007 年	8838.58	7120.48	3561.56	2729.85	829.07

（续）

年度	全国人造板产量	其中：三板	胶合板	纤维板	刨花板
2008年	9409.95	7589.65	3540.86	2906.56	1142.23
2009年	11546.65	9370.80	4451.24	3488.56	1431.00
2010年	15360.83	12758.40	7139.66	4354.54	1264.20
2011年	20919.29	17991.14	9869.63	5562.12	2559.39
2012年	22335.79	19131.07	10981.17	5800.35	2349.55
2013年	25559.91	22012.24	13725.19	6402.10	1884.95
2014年	27371.79	23520.19	14970.03	6462.63	2087.53

5. 木竹地板

2014年全国木竹地板产量完成7.60亿平方米与2013年的6.89亿平方米相比，增长10.30%，与2010年的4.79亿平方米相比，增长58.65%。4年中，木竹地板产量平均每年增长12.2%（图2）。

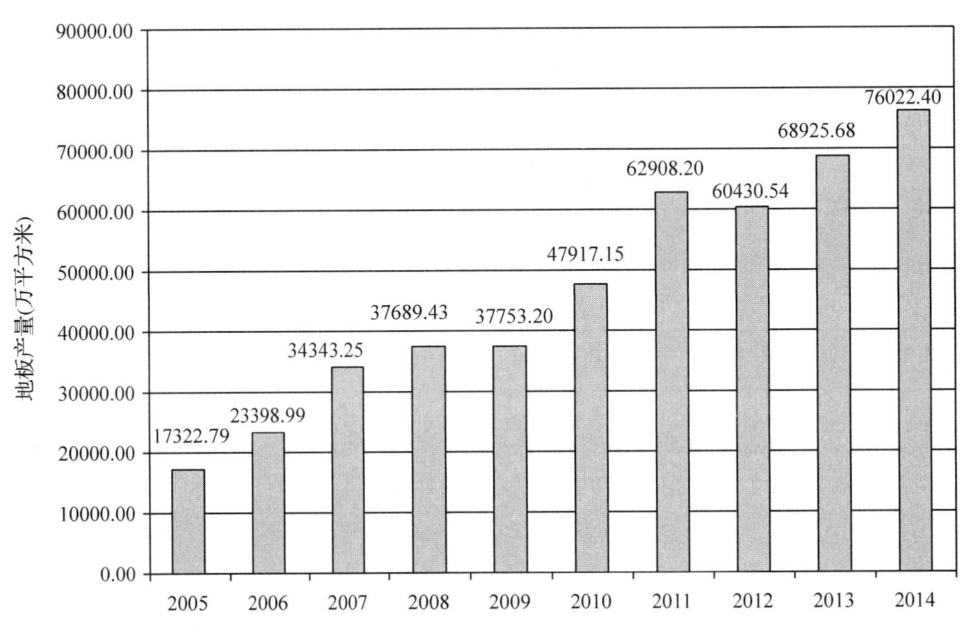

图2 2005~2014年全国木竹地板产量

6. 松香

2014年全国松香产量完成149.77万吨，与2013年的142.43万吨相比，增长5.16%，与2010年的120.60万吨相比，增长24.19%。4年中，松香产量平均每年增长5.6%（图3）。

7. 经济林产品

2014年全国经济林产品产量完成1.58亿吨，与2013年的1.48亿吨相比，增长6.81%，与2010年的1.26亿吨相比增长25.58%。4年中，经济林产品产量平均每年增长5.9%（图4）。

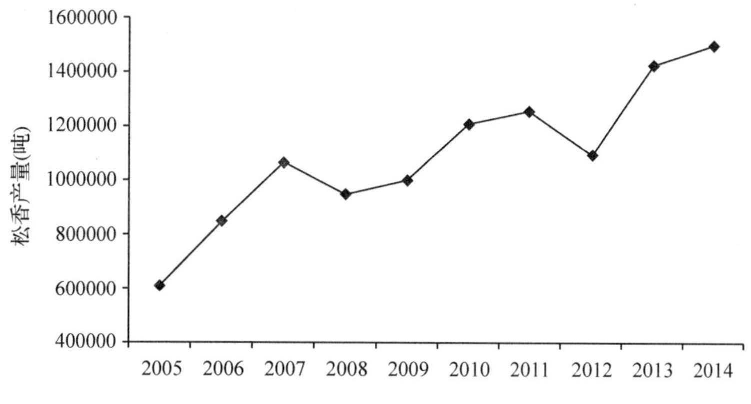

图 3　2005~2014 年全国松香产量

在经济林产品产量中，干果、水果、森林食品和木本油料产量分别完成 1148.10 万吨、13511.35 万吨、339.66 万吨和 211.69 万吨，与 2013 年的 1089.41 万吨、12660.82 万吨、327.69 万吨和 185.14 万吨相比，分别增长 5.39%、6.72%、3.65% 和 14.34%，与 2010 年的 742.94 万吨、11030.41 万吨、255.94 万吨和 112.58 万吨相比，分别增长 54.54%、22.49%、32.71% 和 88.04%。4 年中，干果、水果、森林食品和木本油料产量分别增长 11.5%、5.2%、7.3% 和 17.1%，木本油料产量增长最快。

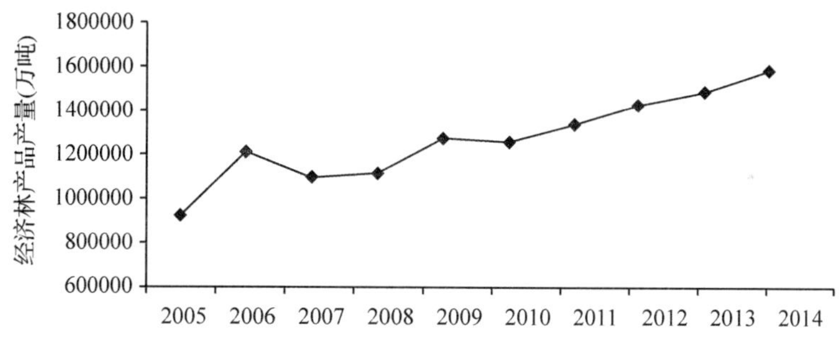

图 4　2005~2014 年全国经济林产品产量

三、森林公园实现游客人数与直接收入的两位数增长

据统计，到 2014 年末，全国森林公园数量达到 3101 处（含国家级森林旅游区 1 处），比 2013 年的 2948 处增加 153 处，增长 5.19%，比 2010 年的 2583 处增加 518 处，增长 20.05%。

2014 年全国森林公园接待游客人数突破 7 亿人次，达到 7.10 亿人次，比 2013 年的 5.89 亿人次增长 20.54%，比 2010 年的 3.96 亿人次增长 79.29%。4 年中，全国森林公园接待游客人数平均每年增长 15.7%；2014 年全国森林公园实现直接旅游收入 572.13 亿元，比 2013 年的 491.10 亿元增长 16.50%，比 2010 年的 294.94 亿元增长 93.98%。4 年中，全国森林公园直接旅游收入平均每年增长 18.0%（表 3）。

表 3　2005~2014 年全国森林公园数量、接待游客人数及直接旅游收入

年度	全国森林公园数量(处)	接待游客人数(亿人次)	直接旅游收入(亿元)
2005 年	1928	1.74	83.98
2006 年	2067	2.13	118.29
2007 年	2151	2.49	157.98
2008 年	2277	2.74	187.11
2009 年	2458	3.33	226.14
2010 年	2583	3.96	294.94
2011 年	2747	4.68	376.42
2012 年	2855	5.48	453.30
2013 年	2948	5.89	491.10
2014 年	3101	7.10	572.13

——吕永来

（本文图表是根据国家林业局有关统计资料加工整理制作的。）

2014 年中国涉林上市企业市场表现分析

2014 年全球经济增长乏力，中国林业产业正在激烈的市场竞争中适应新常态，寻找新形势下站稳脚跟并继续做大做强的新途径。笔者再度依据公开披露的涉林上市公司财务年报，多角度地进行分析，希望有助于提升行业一梯队企业的管理水平，并作为分析行业状态的参考。在几十年改革开放的实践中，我们欣喜地看到本行业迅猛地发展成为产销量全球第一，习惯于陶醉在总量两位数增长的喜悦中。而对于不平衡不协调不可持续的结构性矛盾知之不多，分析不够，其中就包括对产业经济运行的质量的评估和指导的问题，而这又是构建在主流企业的发展质量基础之上的。新常态迫使我们不得不更多地关注管理，从粗放走向精细。笔者连续几年乐此不疲，原因在此。

一、林板组上市公司的分析

世界与金融危机抗争持续七、八年，给林产工业企业带来深刻影响，在产业的选择上也迈出沉重的步子。“科冕木业”主营业务置换为网络游戏，已脱离本行业，自然不再是笔者研究范围。“中福实业”增加混凝土业务，更名为“平潭发展”。升达和威华业务调整进行中，主业目前受影响不大。

(一)主营收入

2014 年主营收入实现两位数增长的是德尔和丰林，有新产能的因素，恐怕主营收入个位数会成为多数企业的新常态(表 1)。能赶上 GDP 增速就不差。哪怕是低一些，也不一定不好，多年高速增长，在高平台上稍作调整也是正常。怕只怕增长慢又兼质量不佳，这样企业恐怕只能加快调整步伐才能适应形势。本组 10 亿以上的有 5 家，大亚 84 亿，宜华 44 亿。在行业内也属名列前茅的。集团性企业体量有更大的。但是从木材加工、人造板、地板、家具等主营业务尚未见更大的。笔者听一些民营企业家朋友说，做大麻烦多，又累又难驾驭。不无道理，其实中小企业永远存在，而且数量是为主的。但是必须是走名、特、优、新路线的，否则很难可持续发展。小舢板不可能像几十万吨巨轮远航全球。其市场份额、话语权和影响力、品牌溢价、机械化自动化信息化水平、整合产业链的能力，以及林工贸一体化的资源整合能力都无法相比。本产业带有一二三产业紧密关联的基础原材料特性，规模经营还是必要的。

表 1 林板上市公司主营收入及同比

上市公司	大亚科技	德尔家居	兔宝宝	丰林	升达	宜华	金森	吉林森工	平潭发展	永安	国栋建设
主营收入(亿元)	84.4	6.8	14.1	11.9	7.5	44.3	1.9	14.2	8.6	4.6	7.7
同比(%)	3.05	40.3	13.6	32.8	4.5	8.21	9.15	5.83	0.8	0.23	3.78

(二)产品实物量研究

产品实物量对研究某一产品的供需状况至关重要，市场规则最基本的是供求关系决定价格。纤维板行业信息是供给较充分的，但主要依据的是设备提供商供给的产能数据，并非真实的产出数据。为了解行业数据往往依据不同企业的同行间交流，仓库与门店之间的情报刺探，很难得到完整准确的信息。感谢证券管理部门自 2012 年起强制要求披露产、销、存数据，笔者才有依据据实解剖麻雀。纤维板的两巨头从 2012~2014 年产销量是下降的，这强有力地证明在市场向品牌大企业集中的同时，宏观形势仍迫使纤维板产销量下降，还好库存未超过 2 个月产量。兔宝宝的科技木有下降，贴面板、木门逐年递增，结合其他公司状况，普遍存在木门形成产能易，争夺市场难。上市公司木材产量不大，与采伐限额管理有关(表 2)。笔者与其他论者一样，多年呼吁林板林纸一体化，原料基地化。必要性无疑，可行性才更重要。看来中国企业走此路障碍很多，路还很长。

表 2 林板公司人造板等产品生产、销售和库存实物量

上市公司	销售量(万立方米)			生产量(万立方米)			库存量(万立方米)		
	2014 年	2013 年	2012 年	2014 年	2013 年	2012 年	2014 年	2013 年	2012 年
大亚纤维板	131	171	181	133	168	179	27	25	28
威华纤维板	114.18	118.8	120.2	118.68	123.7	119.7	15.79	12.3	7.25
威华木材	6.41	5.23		6.41	5.23				
兔宝宝科技木	0.8678	0.946							
兔宝宝贴面板(万张)	440	309	264						
兔宝宝胶合板(万张)	360	335							
兔宝宝木门(万扇)	7.8	5.8	4.9						
丰林	—	—	—	—	—	—	—	—	—
升达纤维板	22.3	15.49		22.77	16.99		2.9	2.5	
宜华家具(万套)	94			100					
金森木材	14.4			14.4					
平潭发展木材	5.56	5.62		5.52	5.6		0.0079	0.0476	
平潭发展纤维板	38.6	37.9	39.9	38.7	37.9	36.9	4.36	4.75	3.7
永安木材	9.97			9.75			0.09		
永安人造板	23.08	22.82	21.8	23.3	22.92	21.2	1.18	1.43	1.33
国栋纤维板				49.23					

（三）产销实物存量

木地板是本行业最靠近市场的行当，无论从业者的经历还是营销理念都是最前卫的。吸引消费者眼球和媒体的关注都远远超过其产值比重。说他们是林业产业市场化的急先锋绝不为过。这些市场竞争的弄潮儿面对形势重压仍不气馁。产销量在逆势中增长。2014 年德尔地板销量增长 19.5%，有力地证明了销量在向品牌集中。值得注意的是库存量都超过 2 个月销量，接近 3 个月。当然，考虑到春节假期和"3·15"后的全年第一旺销高峰，加上实体门店是独立法人，需要一定库存。但行业惯例也要注意把握好库存量的度（表 3）。

表 3　林板公司地板生产、销售和库存实物量

上市公司	销售量（万平方米）			生产量（万平方米）			库存量（万平方米）		
	2014 年	2013 年	2012 年	2014 年	2013 年	2012 年	2014 年	2013 年	2012 年
大亚科技	4430	4130	4052	4353	4116	4020	681	758	772
德尔家居	919	769	627	866.7	867	676	226.5	226	129
兔宝宝	179.6	151.8	106	43.7	36.7	28	15.5	16.2	17
升达	640.9	646	613	634	668	593	111.5	118.5	96
宜华地板	2.05 万立方米			2.07 万立方米					

（四）营利能力

这是企业可持续发展的前提，主流企业的这一趋势构成了行业经济运行质量。质量不好的行业其拉动就业的作用是不稳定不可靠的。企业间竞争力的差距很大程度体现在此。同样的外部环境下，纤维板销售毛利率从负数到4%，到14%，到20%（表4），相差过于悬殊，原因可以是环境、规模、离市场远近、原料（从报告中可见，原材料占成本 70%），但一定会有管理问题。有一家公司，其人造板是国内公认的名牌，毛利率刚过 10%，可以说在盈亏平衡点附近沉浮。这些主流企业尚且如此，可见人造板困难之大，危机之深。木地板毛利率是较高的品种，但也相差 10 个百分点。一般一梯队企业木地板毛利率应在 30% 上下。有意思的是在股市上屡交高分卷的德尔，复合地板毛利率比强化低 10 个多百分点。当然，毛利率还要结合费用率才能得出利润率的高低来。还要指出的是木地板企业做木门，无论是毛利率还是销量，理想的少而又少。

净资产收益率应是衡量股份公司效益最准确的指标之一，如果拿一年期定期存款利息作标尺，多数表现不错。不好的企业肯定各有各的问题。

经营现金流被看成是比利润更实更重要的指标，只有一家是负数。但看得出减少是主流，这也旁证经济环境的严峻。

表 4 林板上市公司营利能力

上市公司	销售毛利率(%)			净资产收益率(%)			每股经营现金流(元)		
	2014 年	2013 年	2012 年	2014 年	2013 年	2012 年	2014 年	2013 年	2012 年
大亚人造板	20.22	24.99	24	6.26	5.21	5.24	2.02	2.29	2.03
大亚地板	32.1								
大亚木门	16.82								
德尔强化地板	37.37	32.88	33.64	9.52	7.07	6	0.1	0.76	
德尔复合地板	26.43								
兔宝宝装饰板	10.7	15.33	16.67	5.36	3.02	4.31	0.21	0.2	0.23
兔宝宝科技木	17.45								
兔宝宝地板	18.92								
兔宝宝木门	13.83								
丰林纤维板	14.56	16.72	16.15	4.93	5.54	4.48	0.23	0.14	0.22
丰林刨花板	11.16								
升达地板	29.44	22.66	24.76	1.83	1.44	1.49	0.07	0.25	0.25
升达纤维板	-0.03								
升达木门	-29.8								
升达柜体	-25.7								
宜华家具	34.8	31.57	30.45	8.31	8.8	6.94	0.4	0.58	0.47
宜华地板	27.1								
吉林森工森林经营产品	48.18	18.7	17.67	0.81	3.09	2.97	0.0124	0.38	-0.8
吉林森工人造板	10.15								
平潭发展	19.13	16.9	14.28	6.19	2.31	1.17	-0.01	-0.083	0.093
永安林业	16.02	12.78	16.72	-6.39	3.35	3.07	0.308	0.24	0.6
国栋建设纤维板	4.07	-0.61		3.48				0.07	-0.04
威华纤维板	10.9	9.5	7.2	-0.19	0.61	-7.48	0.046	0.036	0.746
威华林木	38.6								

(五)收入、资产与费用

1. 收入与资产

净利润增长率与主营收入同步增长并远超其幅度的有 5 家，这是很理想的状态。营业收入增长净利润负增长的也有 5 家(表 5)。这些企业值得研究，原因何在？主客观各占几何？能否亡羊补牢？

表 5 林板上市公司收入与资产变化率 %

上市公司	主营收入增长率	净利润增长率	净资产增长率	总资产增长率
大亚	3.05	5.16	-2.04	-6.49
德尔	23.13	40.28	9.59	6.19
兔宝宝	13.6	80	4.2	11.2

（续）

上市公司	主营收入增长率	净利润增长率	净资产增长率	总资产增长率
丰林	32.81	-7.99	3.39	3.22
升达	4.54	-11.7	18.9	-23.66
宜华	8.21	28.59	36.55	18.83
吉林森工	5.83	-67.15	0.309	13.86
平潭发展	0.8	57.4	6.1	17.4
永安	0.23	-230.9	-1.83	1.19
国栋建设	3.78	-91.93	-0.27	6.47
威华	-17.8	0	0.81	-3.58

2. 收入与费用

费用增长超过主营收入应该分析其原因，看有无可以改进的管理薄弱环节，节支也是增收，尤其在经济下行时期。

从表6看，个别企业营业成本超过营业收入增长率，应该引起注意。

销售费用超过主营收入增长率的有6家，有些超过还有较大幅度。一方面说明市场形势严峻，另一方面确实应深入分析原因，逐步改善管理，增收节支。

管理费用超过主营收入增长的8家，情况更严重于销售费用增长率。

财务费用超过主营收入增长的4家。

总而言之，在适应新常态中，在精细管理上深耕才会有更大的市场竞争力。

表6　林板上市公司收入与费用变化率

%

上市公司	营业收入增长率	营业成本增长率	销售费用增长率	管理费用增长率	财务费用增长率
大亚	3.95	1.71	8.06	5.71	-17.63
德尔	23.13	20.45	16.86	44.3	-73.31
丰林	32.81	33.24	19.57	42.06	39.69
升达	4.54	12.21	27.29	34.17	-10.03
宜华	8.21	4.02	24.66	14.82	-14.49
吉林森工	5.83	-1.89	4.64	16.38	42.96
平潭建设	0.8		37.13	-9.47	13.13
永安	0.23		-8.77	2.43	13.07
国栋	3.78	-8.7	-37.25	-34.32	-20.01
威华	-3.52	-5.77	4.95	2.09	-17.02

（六）运营能力

应收账款是由于赊销形成的，赊销能扩大销售给公司带来利润，也能因存在收不回货款而承担风险。应收账款周转率自然是高点好。由表7可见，除个别企业外多数企业不错，但有8家3年走势趋低，需适度注意赊销分寸。

存货周转天数行业数据偏高，不是太好。虽然有天然原料产业链长周转慢的客观因素，但有9家超过150天，还有1~3年才转一次的！金森其资产主要是林子，消耗性生物资产，多年生一次砍。也套用存货周转天数实在是会计准则不适用。总体说存货周转天数偏多而且逐年增多，是宏观形势严峻的反映，企业还是要引起重视，从管理上去改善。

表7　林板上市公司运营能力

上市公司	应收账款周转率(次数)			存货周转天数(天)		
	2014年	2013年	2012年	2014年	2013年	2012年
大亚	10.32	9.77	9.4	135.9	133.9	131.9
德尔	108.7	109.9	86.48	124.7	98.7	80.25
兔宝宝	26.6	19.53	17.33	95.12	106.01	130.18
升达	7.22	9.03	10.99	259.3	290.76	285.39
丰林	11.7	17.6	28.25	157.7	186.77	168.28
宜华	4.21	4.3	3.69	195.1	176.6	200.8
吉林森工	2	24.23	37.06	165.9	140.35	144.1
金森	9			5413		
平潭发展	4.89	6.46	7.74	516.6	398.4	404.99
永安林业	22.95	45.08	33.87	607.4	567.6	573.43
国栋建设	0.8054	13.82	10.45	1264	120.02	168.02
威华	2.1	14.51	11.02	950	124.8	129.7

(七)资产占用结构

经济下行期间人们更多关注企业的运行状态，其中很重要的是资产占用结构。货币资金拥有量是公司偿债能力与支付能力的标志，是投资者分析判断公司财务状况好坏的重要标志。所说"现金为王"者，此之谓也。本业也听说一些到期不能偿债的企业主跑路消息。也有几次传说某几个一梯队企业资金链很紧，经笔者了解是谣传，可见市场警觉之高。实际上破产不是真正意义上的资不抵债，而是到期现金不足以偿债，信用破产，资产变现时大幅贬值。这才是真谛。市场很神奇也很无情。由表8可见，有6家货币资金占总资产比重两位数的企业，其运作比较谨慎，现金储备很充裕，宜华同比还增长一半多。也有两家略减。有5家货币资金占总资产只有5个百分点左右甚至以下，这就显得较紧。其中有3家同比在增加，可见他们也注意到这个问题。

应收账款是为促销而赊账，现行市场形成行业账期之惯例，只能按约定俗成办，但要掌控得住不至于变成坏账。要加强对应收账款的管理，及时回收。这也是从粗放走向精细。财务年报要求分析应收账款的账龄，超限要提取减值或坏账准备金。本表所列企业应收账款占总资产比重基本正常，也有偏高的如通常认为经营较好的宜华，也许因为其八成是出口所致。值得注意的是同比9家是增加的，说明经济增速下降对企业状态影响是深刻的。个别企业应收账款增长80%以上，确须引起重视。

存货数据不能乐观，普遍是占总资产两位数的，6家是高于20%，有2家接近一半。除了拥有较大比例生物性资产的客观理由外，应该加大主观努力。存货同比9家增长。宜华增长26.9%，由此可见经济下行压力对企业的深层次影响。原材料、在产品、产成品是可以适度压缩和调整的。希望引起重视。

表8　林板上市公司资产占用结构

公司	货币资金			应收账款			存货		
	金额（亿元）	占总资产（%）	同比（%）	金额（亿元）	占总资产（%）	同比（%）	金额（亿元）	占总资产（%）	同比（%）
大亚	12.2	14.91	-3.53	8.38	10.24	1.14	23.9	29.19	2.8
德尔	4.56	27.28	11.63	0.069	0.41	0.05	1.8	10.81	2.65
兔宝宝	1.97	18.14	-1.1	0.54	4.98	-0.3	3.12	28.65	-3.44
丰林	3.64	18	4	1.28	6	68	4.28	21	-5
升达	4.3	21.74	3.4	1.16	5.83	2.34	4.5	22.68	5.71
宜华	22.2	21.66	54.86	11.77	26.59	27.2	17.64	17.2	26.9
吉林森工	1.9	4.98	-33.7	1.36	3.52	84.8	5.78	14.91	42.1
平潭发展	1.39	6.49	-0.15	1.71	7.99	-2	10.9	50.81	0.62
永安	0.61	4.43	1.79	0.27	1.99	1.04	6.56	47.88	0.12
国栋建设	1.66	4.8	319	1.23	3.54	249	3.02	8.8	12.04
威华	1.02	3.8	1.57	1.27	4.75	0.54	5.999	22.37	0.65

（八）研发投入

这是企业科技创新的基础条件，胡锦涛主席曾提出研发投入占GDP的2%之号召。表9中，有4家（兔宝宝，德尔，宜华，大亚）企业是在2~5个百分点之间，而且数年都在坚守，值得学习。总的看，研发投入值得大声疾呼以引起企业家重视，这是企业重短期行为还是长远发展的试金石。有企业家认为本行业技术门槛低，不像华为那样。这样说不无道理。但木地板界每年交锁扣专利费10亿元左右已长达8年了！还要受专项审计和诉讼之扰，这样深刻的教训难道还不值得记取吗？从根本上说，本行业缺少具有自主知识产权的关键性技术是企业和行业做大做强所无法逾越的障碍。

表9　林板上市公司研发投入

公司	14年研发投入（万元）	占营业收入（%）		
		2014年	2013年	2012年
大亚	20582	2.44	2.51	1.84
德尔	2133	3.14	3.16	3.86
兔宝宝	2146	5.09		
丰林	598.5	0.5	0.66	1.49
升达	91.9	0.12		
宜华	12399	2.8	2.93	3.09
吉林森工	165.9	0.35	0.14	0.02
平潭发展	84.7	0.1	0.08	0.07
永安林业	501.6	1.09		
威华	2130	1.24	1.38	1.45

二、装修与家具类上市公司的主要情况

(一)装修业

关注装修业的原因是:①本业是其供货商,它是本业重要客户;②家居装修是本行业商业模式和渠道变化的交集点;③在减速降档的新常态中,它的变化让人在眼花缭乱中看到新需求和发展的新希望。

表10中A股装修类上市公司共7家,东易日盛纯做家装,其他公装为主兼做家装,但家装扩大迅猛。还有一家2015年刚上市的“上海全筑”。

7家中2014年主营收入两位数增长的4家,足见装修行业需求增长受大环境影响较小,相对刚性。其他2家有增长,1家负增长。与前两年比,增长幅度普遍收窄。从净资产收益率分析,是优秀的,不说与本行业比,就是在A股2000多家上市公司中也能算是中上游的。经济发展到现阶段,服务比重大的行业似乎利润厚一些。提醒我们要重视制造业与服务业的结合。

表10 装修类上市公司近三年收入和收益情况

公司	主营收入增长率(%)			净资产收益率(%)		
	2014	2013	2012	2014	2013	2012
金螳螂	12.59	32.08	37.42	29.36	32.36	45.3
江河创建	33.63	32.4	55.99	5.37	6.41	11
广田	12.62	28.23	25.27	13.6	15.29	12.86
亚厦	5.74	26.8	26.8	18.9	22.86	20.11
洪涛	-5.69	24.77	31.09	13.67	17.06	14.76
瑞和	0.85	12.33	2.2	5.95	8.64	8.53
东易日盛	18.09	15.68		14.17	28.38	21.24

(二)家具类表现

家具类表现好,美克体量大,增长不大。其他3家增长都很大。尤以索菲亚和喜临门为最。索菲亚可以说是先进制造业的代表,信息化和市场营销也很成功。4家企业净资产收益率均很好,而且多属逐年递增。可见经济下行,好企业照样能找到自已健康发展的方向和路径(表11)。

表11 家具类上市公司近三年收入与收益

公司	主营收入增长率(%)			净资产收益率(%)		
	2014	2013	2012	2014	2013	2012
美克	1.44	1.68	2.75	8.39	6.58	0.83
索菲亚	32.38	45.98	21.73	18.2	15.14	12.23
喜临门	26.29	13.9	7.02	8.34	11.4	16.55
浙江永强	9.17	9.54	-3.68	10.16	8.49	6.3

三、A 股与新三板的新发展

林产业对资本市场了解不多，利用更不够。

1. A 股上市公司

2015 年 A 股新上市涉林股 4 家(表 12)，3 家家具(其中一家整体衣柜)，1 家装修。营业收入在 10 亿左右，净资产收益率均在两位数。上市公司中家具板块质量不错，尤以衣柜为最。

表 12　A 股新上市公司

公司	IPO 日期	发行股数	发行价	主营业务	14 年营业收入	14 年净资产收益率	市盈率
永艺	2015. 01. 23	2500 万	10. 22	家具	9. 59 亿	22. 46%	22. 71%
好莱客	2015. 02. 17	2450 万	19. 57	整体衣柜	9. 01 亿	37. 35%	19%
全筑	2015. 03. 12	4000 万	9. 85	建筑装饰	18. 1 亿	17. 87%	22. 97%
曲美	2015. 04. 22	6052 万	8. 98	家具	10. 9 亿	15. 92%	22. 99%

2. 新三板

新三板，即全国中小企业股份转让系统，是经国务院批准，依据证券法设立的全国性证券交易场所，主要为创新型、创业型、成长型中小微企业发展服务。全国股转系统主要服务于创业、创新和成长型中小微企业，缓解中小微企业融资难，包容性很强。境内符合条件的股份公司均可通过主办券商申请在全国股份转让系统挂牌，公开转让股份，进行股权融资、债权融资、资产重组等。申请挂牌的公司应当业务明确、产权清晰、依法规范经营、公司治理健全，可以尚未盈利，但须履行信息披露义务，所披露的信息应当真实、准确、完整。

新三板门槛较低，更适宜中小企业进入。迄今挂牌企业已达 2348 家，总股本 1060 亿。其中涉林 23 家，包括林业 2 家，木工(人造板，地板)7 家，家具 4 家，造纸 10 家(表 13)。

表 13　新三板挂牌的涉林公司

公司代码	公司简称	转让类型	所属行业
430260	布雷尔利	做市	家具制造业
430481	吉瑞祥	协议	家具制造业
430483	森鹰窗业	协议	木材加工*
430551	林产科技	协议	木材加工
430586	兴港包装	协议	造纸与纸制品业
430736	中江种业	协议	林业
430748	恒均科技	协议	造纸与纸制品业
830970	艾录股份	做市	造纸与纸制品业
831028	华丽包装	做市	造纸与纸制品业

（续）

公司代码	公司简称	转让类型	所属行业
831128	大汉印邦	协议	造纸与纸制品业
831166	纳地股份	协议	家具制造业
831250	维涅斯	协议	造纸与纸制品业
831439	中喜生态	做市	林业
831445	龙泰竹业	协议	木材加工
831543	松炀股份	协议	造纸与纸制品业
831548	光大百纳	协议	木材加工
831589	吉福新材	协议	木材加工
831828	利特尔	协议	造纸与纸制品业
831905	欧华达	协议	造纸与纸制品业
832053	富得利	协议	木材加工
832180	绿洲森工	协议	木材加工
832237	无锡绿力	协议	造纸与纸制品业
832264	普克科技	协议	家具制造业

＊全称：木材加工和木、竹、藤、棕、草制品业。

3. 准备上市的公司

如果扩大到家居，排队上市中的有，4 月 2 日，香港联交所发布了红星美凯龙上市申请信息，江山欧派门业股份有限公司、广东皮阿诺科学艺术家居股份有限公司、茶花现代家居用品、多喜爱家纺股份有限公司等已在等 A 股。

三、展望

林业产业企业普遍与上市公司一样，适应新常态主要的问题在于：①GDP 增速由高向中高带来的经济环境全方位的变化；②以 2013 年达到年销售商品房全国人均一平方米和累计平均每户拥有一套房为标志，房地产开始从巅峰走向平稳发展期；③互联网＋、电子商务对实体零售门店主渠道的巨大冲击和一体化解决方案的智能家居对单品建材供应商利润泰山压顶式挤压。这两大冲击如虎似狼地开始颠覆家居业的商业模式和生存状态。

但是，危中有机的是，我们仍处在中国经济的发展机遇期，改革红利与城镇化红利仍然可指望，中国 45 岁以下人群占比为 46. 55%，城市化和人口结构比例决定了未来 10 年住房的刚性需求和改善性需求依然平稳，加上我国房地产金融刚开局，发展空间很大，随着居民收入稳步增加，前景仍是美好的。有志于在林业产业奋斗的企业，只要调整思维定势，找准自己发展的方向和途径，管理精细化，充分利用资本市场，一定能走向更辉煌的未来。

——张森林

2014年中国人造板产业发展概况

我国是缺林少材国家，木材供应缺口高达50%，主要依赖进口解决，木材加工业是仅次于石油和钢铁的第三用汇行业。近年来，随着建筑装饰和家具业的快速发展，国内木材需求量急剧增长，木材供需矛盾日益突出。

发展人造板工业是节约木材资源的重要途径，不仅有利于缓解我国木材供需矛盾，更重要的是它在满足人类生活对木制品需求的同时，以刺激人工工业用材林的快速发展而减少人们对天然林采伐的依赖，从而达到保护森林、改善生态环境的效果。我国人造板工业起步虽晚，但发展很快。改革开放使我国人造板工业得到了前所未有的发展机会，使之从容地从计划经济走向市场经济，实现了从无到有不断壮大，企业规模不断扩大，产品种类不断增加，技术装备水平和产品质量不断提高，实现了由传统加工业向现代工业的转变。目前，我国主要人造板产品有胶合板、纤维板、刨花板及其延伸产品和深加工产品，细分品种已达百余种。

1 行业现状

1.1 人造板产量增速趋缓

进入21世纪，我国人造板工业高速发展，现有人造板企业万余家，从业人员300多万人，人造板年产量超过2.5亿立方米、产值近万亿元，已成为世界人造板生产、消费和进出口贸易第一大国。

2013年我国人造板产量2.56亿立方米，同比增长14.43%，占全球人造板生产总产量的58%(图1)；产品结构比例为：胶合板53.7%，纤维板25%，刨花板7.4%，其他板13.9%(图2)。产量超过1000万立方米的省(自治区)有8个，其中山东、江苏、广西、安徽、河南和河北6个省(自治区)人造板产量共计1.88亿立方米，占全国人造板总产量的73.45%(图3~4)。产量最高的山东省年产高达6422万立方米，超过当年欧洲人造板总产量，成为全国乃至世界最大的人造板生产基地。2013年人造板产量排名前十位的省(自治区)详见表1。

2014年1~11月人造板产量2.73亿立方米，同比增长7.59%。其中：胶合板1.58亿立方米，同比增长7.59%；纤维板6219万立方米，同比增长6.58%；刨花板1487万立方米，同比增长11.46%；装饰板2.48亿立方米，同比下降3.19%。行业整体进入结构调整和转型升级阶段，生产规模增速减缓。

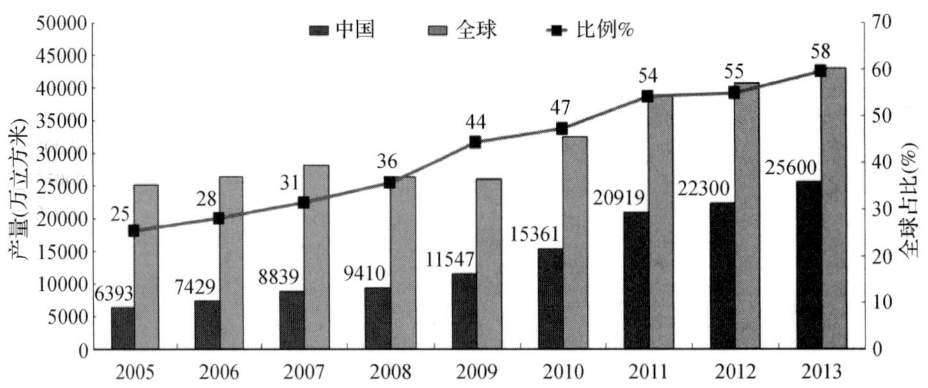

图 1 中国人造板占全球产量比例

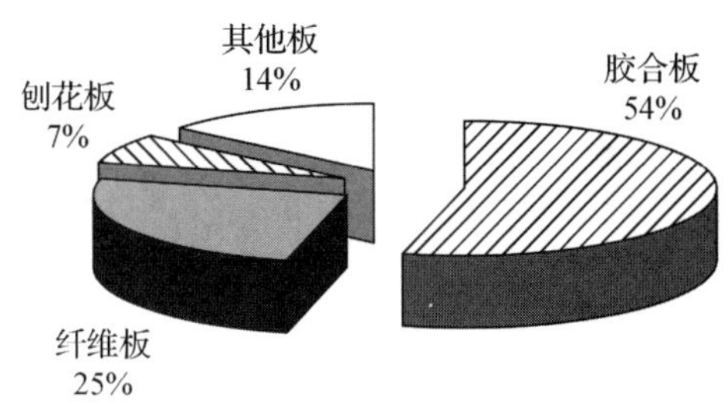

图 2 2013 年产品结构比例

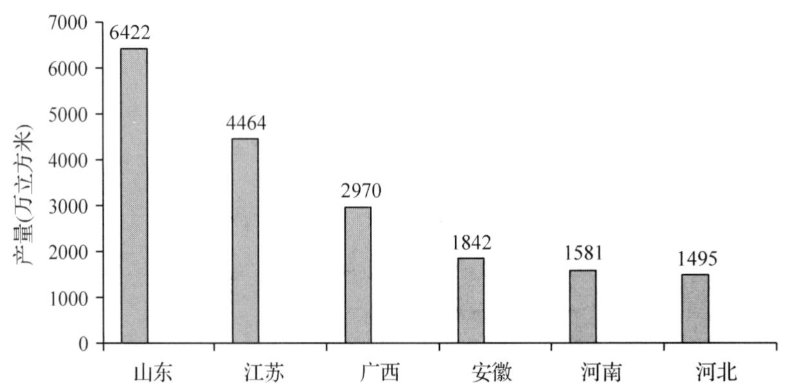

图 3 2013 年人造板产量超千万立方米省份

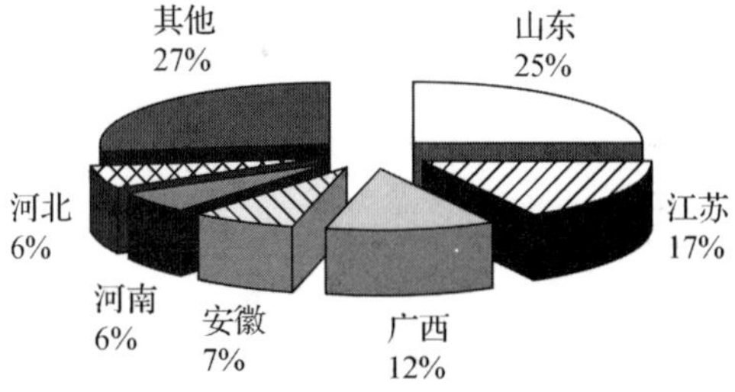

图 4 2013 年人造板产量分布

表 1　2013 年人造板产量 TOP10　　万立方米

胶合板	产量	同比(%)	纤维板	产量	同比(%)	刨花板	产量	同比(%)	装饰板	产量	同比(%)
山东	5045.5	10.37	广西	911.6	13.2	福建	220.8	-0.8	福建	6882.6	-8.3
江苏	3453.3	10.20	河南	607.1	-6.5	河南	208.8	26.3	河南	6385.6	6.4
广西	1417.5	18.49	江苏	601.1	-0.4	广东	136.9	-2.0	浙江	6005.2	-8.8
河南	1368.3	20.26	山东	558.1	9.0	江苏	100.6	-5.8	湖北	4642.4	37.8
湖南	850.7	-6.16	广东	513.7	5.3	黑龙江	91.9	10.9	山东	1520.5	-61.1
福建	674.2	8.20	四川	448.1	1.7	山东	83.6	-14.0	广东	1450.5	5.6
安徽	573.0	14.59	湖北	298.1	22.3	吉林	76.5	-10.1	湖南	922.2	-8.1
江西	472.0	-12.22	安徽	287.1	0.6	广西	60.6	107.0	辽宁	785.3	9.3
湖北	326.9	12.19	江西	252.6	4.2	河北	54.6	4.2	四川	777.7	-14.8
四川	281.6	-4.60	河北	241.9	11.5	江西	53.6	-31.7	云南	613.7	22.6

1.2 国内价格小幅下跌

受国内房地产调控和国际市场下滑的负面影响，两年多来人造板国内现货市场价格小幅下降。2013 年，国内木材加工产品价格整体水平与 2012 年基本持平。其中：锯材 1266 元/立方米，木片 765 元/实积立方米，木地板 160 元/平方米，而人造板平均单价则略有下降，其中：胶合板 1896 元/立方米，硬质纤维板 1372 元/立方米，中密度纤维板 1581 元/立方米，刨花板 953 元/立方米。据鱼珠国际木材市场价格指数发布，从 2013 年 1 月以来，人造板价格持续下降，价格指数由 131 跌到 122(图 5)。近期，胶合板价格从 2662 元/立方米下跌到 2508 元/立方米，降幅 5.78%(图 6)；中纤板由 1694 元/立方米跌至 1606 元/立方米，降幅 5.2%(图 7)；刨花板从 1474 元/立方米下跌到 1386 元/立方米，降幅 5.97%(图 8)。

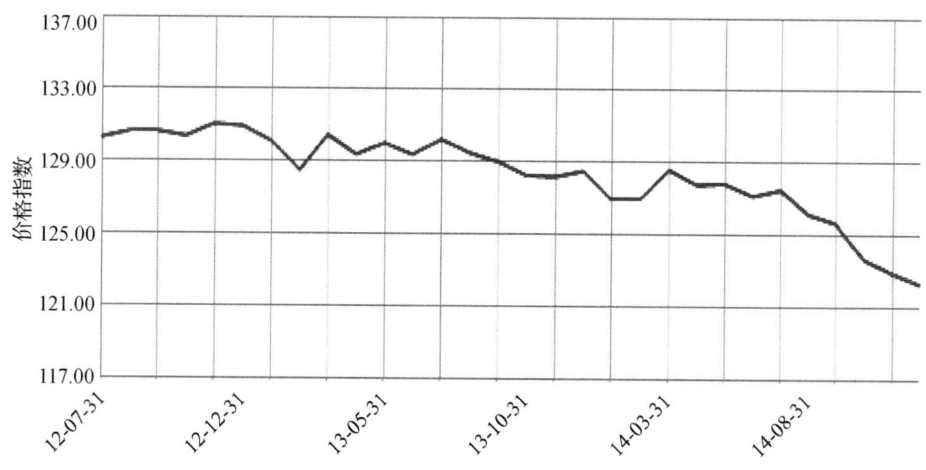

图 5　2012 年 7 月至 2014 年 12 月人造板国内现货市场价格指数

(发布时间 2014 年 12 月 31 日)

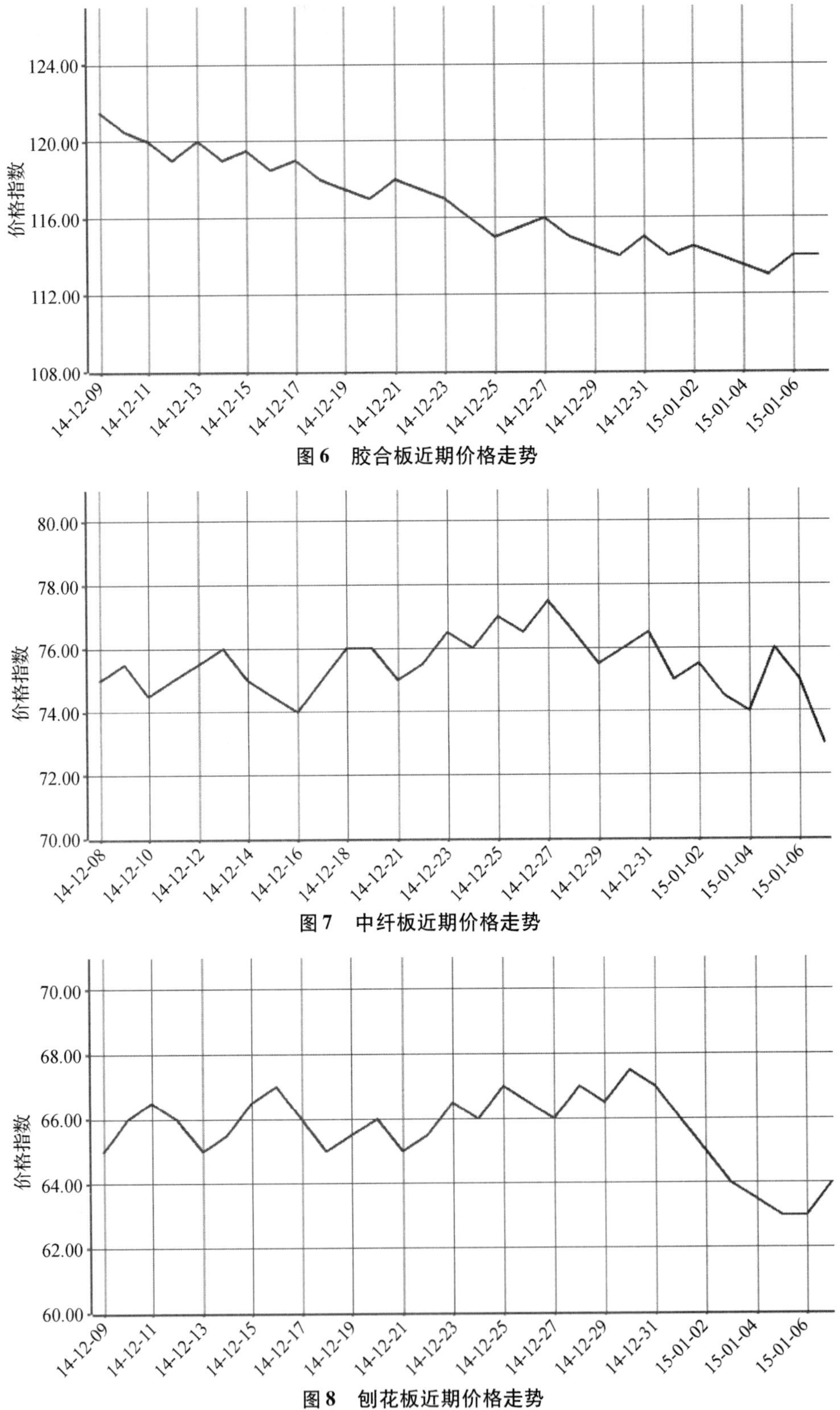

图 6　胶合板近期价格走势

图 7　中纤板近期价格走势

图 8　刨花板近期价格走势

1.3 进出口贸易稳步增长

随着我国人造板产品质量的不断提高，近年来我国人造板进出口贸易稳步增长。人造板进口量和进口额占全球总进口的4%~5%；出口量和出口额分别占全球总量的18%和20%（图9~12）。

2013年全国进口胶合板15.47万立方米、同比下降13.44%，出口1026.14万立方米、同比增长2.3%，出口金额50.34亿美元，同比增长5%；进口纤维板6.92万立方米，同比下降19.2%，平均进口单价703美元/立方米，同比上涨了8%；出口量232.87万立方米，同比下降6.36%，但出口价格稳中有升，平均单价506美元/立方米；刨花板进口58.68万立方米，增长8.58%，出口26.12万立方米，增长25.53%（图13、14）。

2014年，我国进口胶合板17.8万立方米，同比增长15.06%，平均进口价格741.33美元/立方米，进口额大幅增长了27.98%，出口胶合板1321.56万立方米，同比增长28.79%，出口均价439.91美元/立方米，出口额同比增长15.51%；进口纤维板22.36万立方米（按每立方米750千克换算），翻倍增长了223.12%，进口额高达1.1亿美元，同比增长132.06%，主要是木制品出口目的国提高了产品质量和认证要求，国内产品一时无法满足，只得进口解决；纤维板出口340.93万立方米，增幅为46.41%，出口额也同比增长了38.42%，平均出口单价478.5美元/立方米；同期进口刨花板58.38万立方米（按每立方米650千克换算），下降了1.5%，由于进口单价涨到242.66美元/立方米，进口额反而增长了10.88%；刨花板出口了37.95万立方米，出口额超过1.39亿美元，分别大幅增长45.37%和57.38%，平均单价也高达366.44美元/立方米，均创历史最高纪录，主要原因为2014年年初多条进口连续压机生产线相继投产，刨花板产品质量大幅提高，不仅夺回了进口板挤占的国内市场，还大量出口高档产品（表2）。

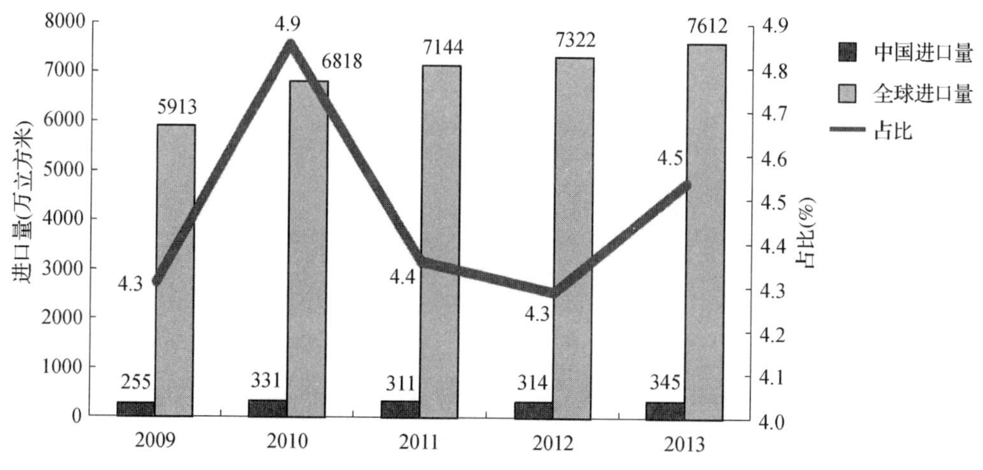

图9　中国人造板占全球进口量比例

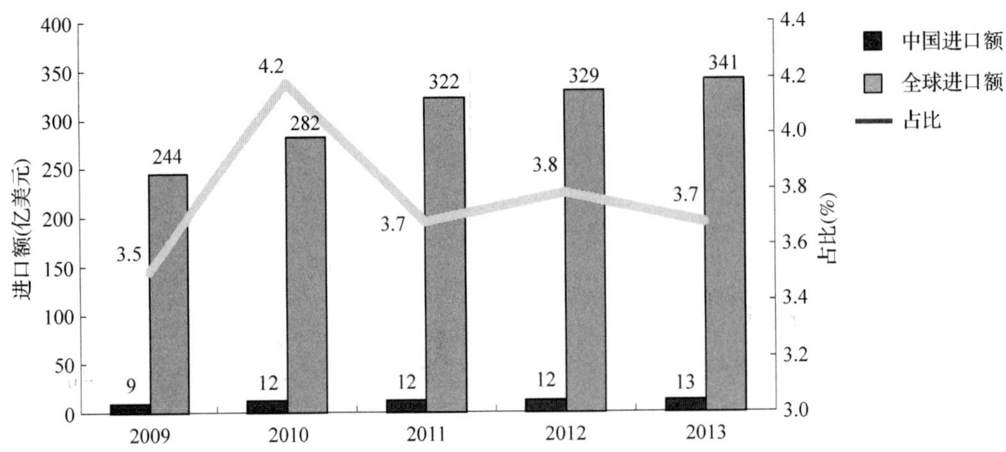

图 10 中国人造板占全球进口额比例

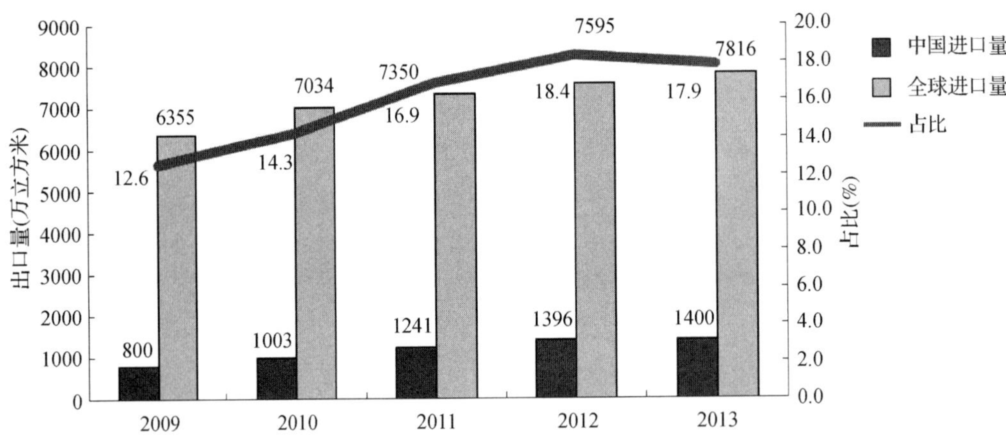

图 11 中国人造板占全球出口量比例

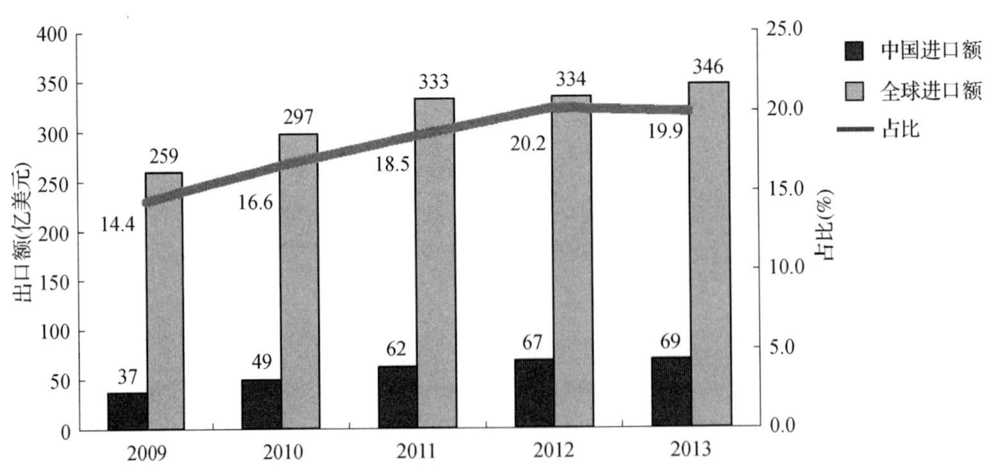

图 12 中国人造板占全球出口额比例

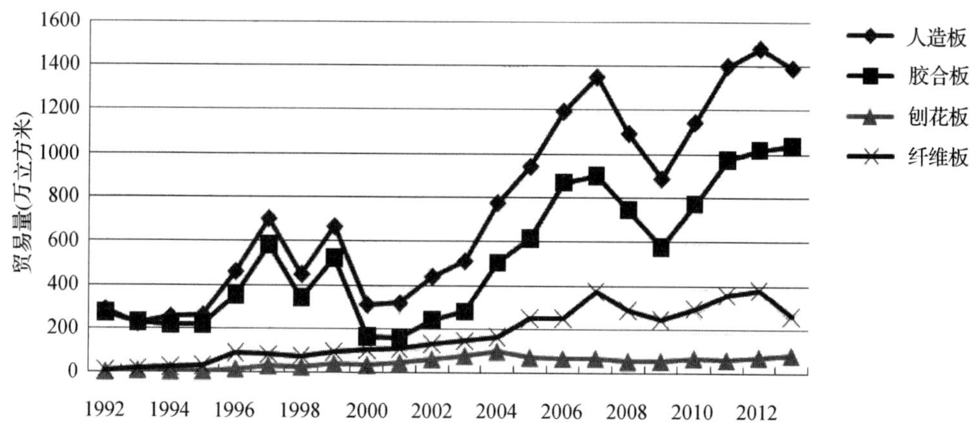

图 13　1992~2013 年中国人造板贸易量

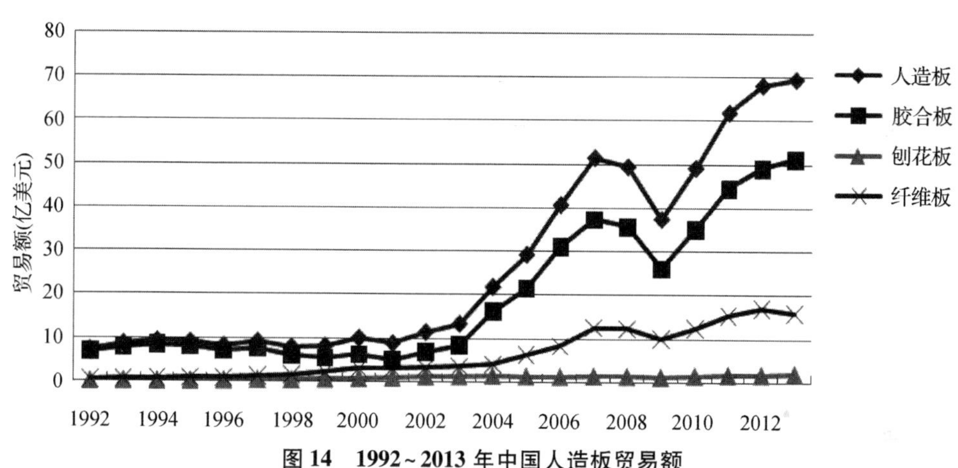

图 14　1992~2013 年中国人造板贸易额

表 2　2014 年人造板进出口贸易

2014 年	进口累计		累计同比(%)		出口累计		累计同比(%)	
	数量	金额（万美元）	数量	金额	数量	金额（万美元）	数量	金额
刨花板	37.57 万吨	14166.65	-1.5	10.88	24.67 万吨	13906.30	45.37	57.38
纤维板	16.77 万吨	11008.09	223.74	132.06	255.71 万吨	163133.02	46.41	38.42
胶合板	17.80 万立方米	13195.76	15.06	27.98	1321.56 万立方米	581370.52	28.79	15.51

胶合板是我国人造板的主要出口产品，出口量和出口额都接近出口人造板的 80%。2014 年，胶合板出口额占我国木质林产品出口总额的 11% 左右。55% 的胶合板出口市场在亚洲，出口量排名前 7 位的国家合计超过总量的 50%(表 3)。山东、江苏两省的胶合板出口量占全国出口总量的 76%，出口金额占全国 63%，出口单价 413 美元/立方米；辽宁、吉林、浙江三个省的出口均价超过 1000 美元/立方米，广西出口单价最低，每立方米只有 346 美元；虽然辽宁出口数量仅为广西的 27%，但出口金额却是广西的 1.3 倍，出口单价高达 4.7 倍(表 4)。

表 3　2014 年 1～9 月胶合板出口 TOP7 目的国

国家	2014 年 1～9 月(万立方米)	2013 年 1～9 月(万立方米)	增长(%)
美国	122	100.7	21.2
日本	63.1	60.9	3.6
韩国	56.6	64.7	-12.5
菲律宾	53.9	28.7	87.8
阿联酋	52.5	39.3	33.6
英国	50.6	51.7	-2.1
沙特	46	35.3	30.3
合计	444.7	381.3	16.6

表 4　2014 年 1～9 月胶合板出口量 TOP7 省(自治区)

地区	2014 年 1～9 月			2013 年 1～9 月	数量
	数量(万立米)	单价(美元/立方米)	金额(百万美元)	数量	增长(%)
山东	415.6	401	16.66	360.2	15.4
江苏	244	433	10.56	214.5	13.8
广西	46.5	346	1.61	45.6	2.0
广东	41.3	579	2.39	41.2	0.2
浙江	29.7	1059	3.26	33.2	-10.5
吉林	21.4	1424	3.05		
辽宁	12.7	1626	2.06		
其他	60.8	600	3.65		
总计	872	494	43.24	775	12.5

2 行业分析

2.1 人造板经济指标

2013 年我国人造板制造规模以上企业有 4753 家，70% 以上是民营企业(图 15)，行业总资产 2975.90 亿元，同比增长 19.68%；销售收入为 7066.66 亿元，较 2012 年同期增长 19.42%；负债合计 1293.4 亿元，同比增长 18.69%，利润总额 479.8 亿元，同比增长 18%(图 16)。

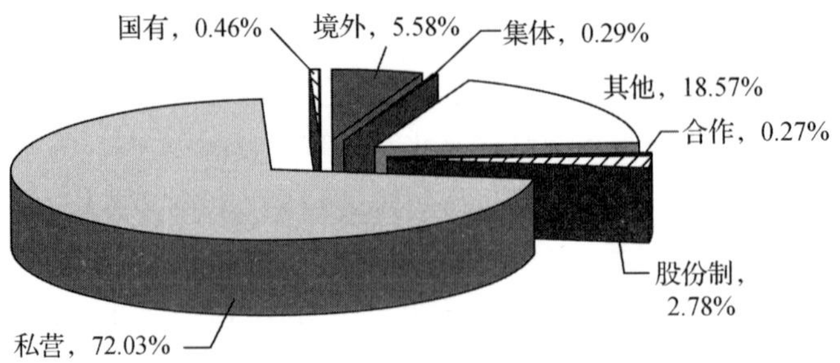

图 15　2013 年人造板企业销售收入所有制分布

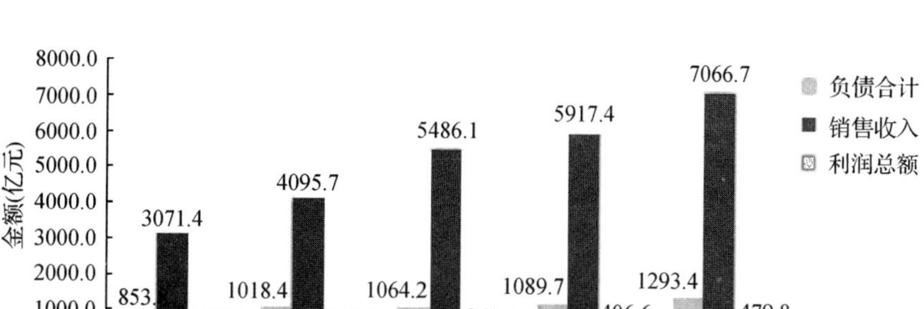

图 16　2009~2013 年人造板行业销售收入、负债和利润

由于原辅材料和物流费用上涨，2013 年人造板制造行业销售成本大增，高达 6113.2 亿元，同比增长了 20.89%（图 17），三项费用也同步增长，其中管理费用增长 20.67%，销售费用增长 18.21%，财务费用增长 28.15%（图 18）。同时，三项费用占销售收入的比重也有所增加（表 5），挤压了利润空间，造成盈利能力下降。2013 年人造板行业销售毛利率 13.49%，利润率 6.79%，资产收益率 16.12%，同比 2012 年均有所降低（图 19）。行业亏损企业 231 家，行业亏损面接近 5%。但从近三年的效益分析来看，人造板行业仍然有较强的发展能力（表 6）。

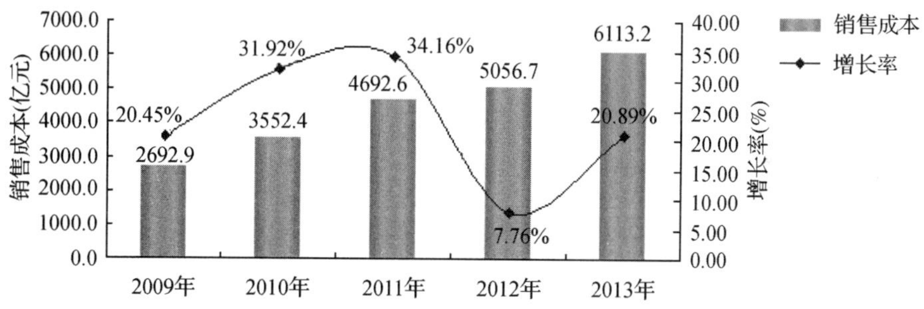

图 17　2009~2013 年人造板行业销售成本

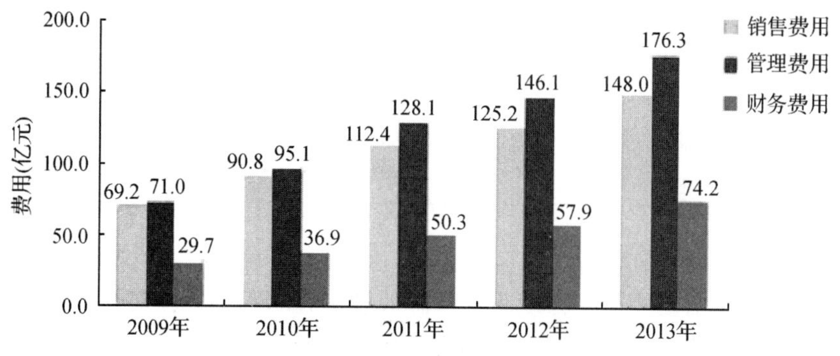

图 18　2009~2013 年人造板行业三项费用

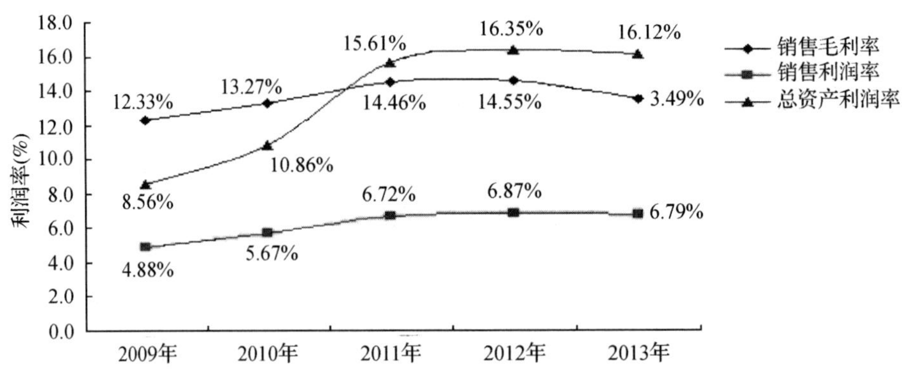

图 19 2009~2013 年人造板行业利润率

表 5 2011~2013 年人造板制造三费占销售收入比重分析 %

年份	三费比率	销售费用比率	管理费用比率	财务费用比率
2011 年	5. 30	2. 05	2. 33	0. 92
2012 年	5. 56	2. 12	2. 47	0. 98
2013 年	5. 64	2. 09	2. 50	1. 05

表 6 2011~2013 年人造板行业效益分析

评价指标		2011 年	2012 年	2013 年
营利能力	销售毛利率	16. 91%	14. 34%	13. 49%
	销售利润率	6. 72%	6. 87%	6. 79%
	资产收益率	15. 61%	19. 29%	16. 12%
偿债能力	负债率	45. 08%	43. 83%	43. 46%
	亏损面	4. 98%	5. 29%	4. 86%
	利息保障倍数	10. 37	9. 68	10. 30
营运能力	应收账款周转率	29. 32%	30. 26%	30. 69%
	流动资产周转率	5. 08%	5. 10%	5. 27%
发展能力	应收账款增长率	26. 60%	4. 51%	17. 75%
	利润总额增长率	42. 71%	10. 32%	17. 99%
	资产增长率	23. 63%	5. 33%	19. 68%
	销售收入增长率	35. 41%	7. 86%	19. 42%

2. 2 人造板下游产业

我国人造板应用领域很广，产业链下游涉及十几个行业。主要下游产业为家具行业，用量占全部人造板产量的 48%，其次为建筑行业，占人造板总量的 20%，接下来是包装、地板、木门、交通等行业(图 20)。2014 年 1~11 月，木质家具产量 2. 38 亿件，同比增长 1. 82%；实木地板 8407 万平方米，同比下降 0. 11%；复合木地板 5. 29 亿平方米，同比增长 12. 5%。

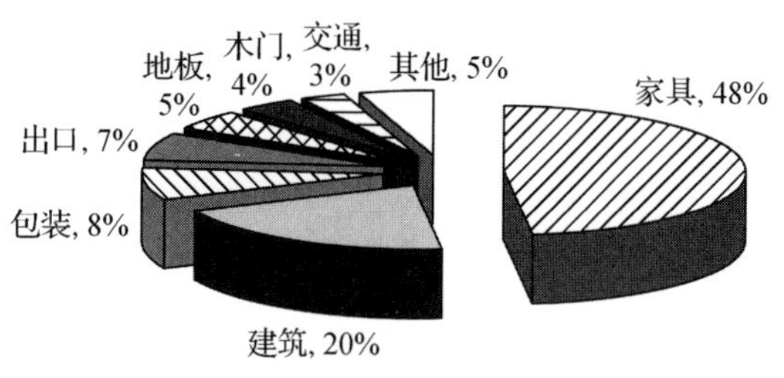

图 20　人造板应用领域

2.3 人造板期货市场

人造板的产业链上游衔接木材与化工原料，下游涉及家具、装饰、包装和汽车制造等产业，与房地产的景气程度密切相关。近年来，受上游原料价格与人工成本的上涨，人造板生产企业的利润被摊薄，而下游的市场需求受国内消费疲软与出口不景气的影响，也被进一步压缩，应运而生的人造板期货市场为广大生产企业提供了风险管理的工具。2013 年 12 月 6 日，国内首批林木类期货品种胶合板、纤维板合约在大连商品交易所顺利上市，通过对生产计划的套期保值，锁定合理利润，有效降低了企业的资金风险和无序竞争，规避了价格风险，基本改变了“生产就亏损，不生产亏更多”的被动局面，为生产企业平稳转型提供了保障。一年来，两板期货交易活跃，运行稳健，引起了社会的广泛关注，企业参与积极性很高，主要合约日均成交高达 30 万手，日均资金沉淀量逾 6 亿元，两板分别出现了好几个涨停板和跌停板。人造板期货价格被生产和流通企业关注参考，部分企业在通过套期保值操作转移市场风险的同时，充分利用期货市场的资本杠杆作用实现现货与期货有机结合，以新的营利模式增强了驾驭市场和抵御市场风险的能力。期货市场对人造板产业的服务作用开始显现。

目前，我国是全球唯一有纤维板、胶合板期货交易市场的国家。纤维板、胶合板期货上市后，通过期货市场的价格发现功能，为板材的国际贸易提供明确的指导价格，将不仅有助于提高我国板材出口的议价能力，成为增强我国人造板行业的国际影响力和争夺国际定价权的有力工具，同时随着两板期货影响力和交易量的不断扩大，将带动我国人造板柜台交易（OTC）的发展，不断挤压不达标产品的市场空间，促进行业加快调整结构、转型升级和健康平稳发展。

2.4 人造板产品质量

随着人造板行业的快速发展，近几年来我国人造板产品质量也在不断提高。2013 年 9 月，国家技术监督局和国家林业局联合发布公告：经国家监督抽查胶合板质量合格率为 87.6%，纤维板质量合格率为 90.7%，刨花板质量合格率为 81.6%，细木工板合格率为 86.7%（表 7）。

游离甲醛释放量不达标是人造板产品质量的主要问题。2013 年国家监督抽查结果显示：胶合板的主要质量指标胶合强度的合格率略有提高，但安全性指标游离甲醛释放量有所降低；纤维板产品质量的不合格项目有游离甲醛释放量、静曲强度和吸水厚度膨胀率；刨花板的吸水厚度膨胀率每年抽查的合格率都比较低，同时内结合强度合格率和游离甲醛释放量也不稳定；虽然细木工板的游离甲醛释放量和横向静曲强度合格率在逐年提高，但仍是细木工板质量不合格的主要原因。

表7 2006~2013年国家监督抽查人造板产品质量合格率 %

年度	胶合板	纤维板	刨花板	细木工板
2006	63.6	81.4	62.1	67.7
2007	68.6	82.0	60.1	72.1
2008	89.7	82.1	57.2	78.5
2009	87.1	82.5	66.7	91.9
2010	88.5	76.3	60.4	75.5
2011	89.9	81.5	72.0	83.4
2012	89.9	90.5	81.6	83
2013	87.6	90.7	79.2	86.7

3 行业问题

随着宏观经济减速，人造板行业发展步伐放缓，产品结构调整、生产装备升级、风投资本介入、企业并购重组，全行业整体进入结构调整、转型升级的多元化发展阶段。2013年是人造板行业资产重组企业并购最活跃的一年，业内卖壳、兼并激流涌动，多条大鳄先后易主，吉林森林工业集团通过收购中盐银港人造板公司88.12%的股份，实现了对中盐银港的绝对控股；赣州稀土集团以其所拥有的赣州稀土100%股权认购广东威华股份公司非公开发行的新股14.76亿股，从而取得该上市公司的控股权；广西丰林木业集团股份有限公司收购亚洲创建(惠州)木业有限公司75%股权，获得该公司实际控股权……。产业资本的介入将企业资源重新优化配置，洗牌重组刷新了人造板行业龙头企业的排序，平均企业经济规模增长接近10%，提高了行业规模集中度。在民营企业仍为人造板行业主力军的同时，中林集团、中粮集团、中航集团、中国诚通集团等大型中央企业也纷纷加盟，新的龙头企业正在崛起，为加快行业内结构调整创造了条件。但同时市场无序、资源瓶颈、效益低下等影响行业发展的问题也日益突出。

3.1 产品阶段性供过于求现象初现

不同阶段、特殊地区涌现的大规模、高增速、高强度、非理性投资引发阶段性、区域性人造板产品供需关系失衡及木材原料供求关系失衡，产能过剩风险凸显，引发产品低价竞争、质量下滑，抢购推高原料价格，企业效益下滑，不利于产业持续发展。

3.2 落后产能亟须淘汰

我国现有人造板生产能力构成中，还存在较大比例装备水平低、技术落后、产品质量差、能源与资源消耗大、环境污染严重、劳动条件差、安全隐患高的落后产能，亟须通过进一步规范市场促进调整产业结构，加快落后产能淘汰速度。

3.3 原料持续供应压力增大

人造板生产能力急剧膨胀，生产量迅速增长，支撑人造板工业发展的原料供应能力滞后于人造板生产发展的进程，天然林资源保护二期工程实施后，木材采伐量大幅下降，局部地区受原料供应能力的制约出现生产增长停滞甚至回落现象。

3.4 国际贸易摩擦频发

次贷危机引发的全球金融危机重挫发达经济体，受全球复杂政治经济形势影响，贸易保护主义抬头，人造板及其下游产品国际贸易摩擦频发，技术性贸易壁垒和绿色贸易壁垒泛滥，我国人造板产品及其下游产品出口遭遇打压，同时人民币汇率升值进一步增加产品出口难度，我国人造板产品国际市场竞争力下降。

3.5 效益下滑引起的企业外移趋势增加

人造板生产是充分市场竞争产业，优胜劣汰是必然规律。近期受原辅材料及能源价格上涨、运输及物流成本增高、劳动力成本快速上升等多种因素综合影响，人造板生产经营成本普遍上升，效益下滑，招工、融资难度增加，企业面临生产经营困难。劳动密集型产业及下游产业的比较优势逐渐下降，制造业外移趋势增加。

4 发展趋势

党的十八大对建设生态文明做出了全面部署，强调把生态文明建设放在突出地位，赋予林业建设生态文明首要任务的重任，要求构建起坚实的生态安全体系，高效的生态经济体系和繁荣的生态文化体系。为此，国家林业局发布了《推进生态文明建设规划纲要》，作为今后一个时期推进生态文明建设、指导和引领林业发展的纲领性文件。2014 年 7 月，国务院发布“关于加快发展生产性服务业、促进产业结构调整升级的指导意见”，提出了坚持市场主导、突出重点、创新驱动、集聚发展的四项原则，强调以产业转型升级需求为导向，加快生产性服务业发展，引导企业进一步打破“大而全”、“小而全”的格局，分离和外包非核心业务，向价值链高端延伸，促进我国产业逐步由生产制造型向生产服务型转变。

2015 年是“十二五”的最后一年，在国家鼓励调整结构、转型升级的大形势下，我国人造板工业转型升级取得了实质性的进展，企业的创新能力、抵御风险能力、可持续发展能力和国际竞争力得到显著增强。进入“十三五”期间，我国林业产业建设将在以下六方面可望得到明显加强：一是进一步优化林业产业特色区域布局，重点培育国家级产业集聚地；二是扶持国家级龙头企业，促进产业升级；三是全力推进林产品市场体系建设；四是强化技术创新，加快技术装备更新换代；五是加大落后产能淘汰力度；六是实施品牌战略，提升品牌价值和效应，推动我国人造板工业强国建设迈上新的台阶。

今后一段时期，我国人造板工业的发展将遵循《推进生态文明建设规划纲要》和“关于加快发展生产性服务业、促进产业结构调整升级的指导意见”，有机衔接《全国木材战略储备生产基地建设规划》等“十三五”相关规划，加快转型升级，走绿色发展道路，进入人造板发展的新时期，可能呈现以下趋势：①扩大原料林基地建设，逐步实现林板生产一体化；②技术进步步伐加快，落后产能逐渐淘汰，产品结构不断优化，结构性板材需求量上升；③行业整合速度加快，弱势企业将被重组、淘汰，行业龙头企业和多元化企业集团不断涌现，特色产业集群初步形成，行业集中度提高；④新技术、新工艺、新材料和新装备将不断提升人造板产品质量，企业社会责任和品牌意识增强；⑤注重发展循环经济，环保型板材开发和城市木质废料的回收利用快速增长，非木质人造板发展加快。

人造板工业是高效利用森林资源的重要产业，将长期居于加工制造业中的新兴和朝阳产业地位，行业增长空间十分巨大。人造板企业通过产品创新、商业模式创新、管理机制创新等手段，利用资本市场的力量，并购整合各方资源，淘汰落后产能，优化资源配置，谋求转型升级和高速成长，是新经济形势下行业发展的大势所趋。一批拥有国际知名品牌和核心竞争力的大中型人造板企业，将引领产业链上下游企业专业化分工协作共赢，有效整合全球资源，率先跨入世界人造板及其制品的先进行列。行业优势企业将由“有限公司”发展成“集团公司”，通过“兼并收购”优化整合，在雄厚的产业实力、完善的产业链、成熟的工人队伍的基础上，通过资源要素优化配置和技术、管理创新，创建一批知名品牌，涌现出一支优秀、庞大的现代企业家队伍，推动人造板行业持续、稳步、健康发展。在行业洗牌的过程中，人造板企业应用创新文化改造传统经营理念，以科技创新引领企业转型升级，运用宽带互联网、移动互联网、物联网、云计算、大数据等智慧林业的信息技术不断拓展市场发展空间，开发新产品、新需求，寻找产业结构调整的新动力、新路径，通过降低成本、提升全员劳动生产率和核心竞争力来完善产业链，提升价值链，创建最佳商业运营模式，实现企业战略发展目标，推动我国人造板行业由中国制造走向中国创造，从世界工厂变成世界市场，以赢得主动，赢得优势，赢得未来。同时，人造板期货市场也将会为企业重组、产业升级提供新的发展机遇，金融资本杠杆将在企业兼并重组、建立规范的法人治理结构和适当提高产业集中度中，引导企业由规模扩张向质量提升发展。对此，我们充满信心。

——钱小瑜

（注：文中所有数据除特殊说明外，均来源于国家海关总署、国家统计局和国家林业局。）

2014 年中国木材、人造板及木质家具进出口情况分析

过去的一年，由于许多国家的经济形势趋好，尤其是木材制品出口大国需求量全面增加，亚洲、美洲、欧洲、非洲和大洋洲多数国家对木质家具等产品需求量增加，使我国木质家具、人造板和木质地板等产品出口量大幅度增长，从而带动了木材和各种人造板产品进口量的增长，但是由于房地产的影响，针叶材和高档红木价格下降，进口受到一些冲击，有些木材进口商日子难过，有些针叶材进口国的进口数量下降。

一、木材进口大幅度增长

2014 年我国木材进口总量达到 7684.99 万立方米，折原木材积 8784.53 万立方米，比上年增长 11.22%，红木和针叶材进口量有所下降，大部分材种进口量增长。

(一)原木进口虽然有些材种进口量下降，但是总体增幅明显

2014 年，国际原木市场大部分国家看好，但是我国针叶材进口，因受房地产影响，受到较严重冲击。我国是针叶原木主要进口国家，如新西兰完成 1173.03 万立方米，比上年同期增长 1.97%；俄罗斯完成 1025.79 万立方米，比上年同期增长 10.9%，增加 111.79 万立方米；加拿大完成 303.84 万立方米，比上年同期只增长 11.7%；美国完成 609.55 万立方米，比上年同期增长 8.66%，增加 48.58 万立方米；巴布亚新几内亚完成 275.18 万立方米，比上年同期增加 19.8%。由于从 2014 年 4 月 1 日起，缅甸政府对原木出口的限制，加上上年有些材种进口过量待消化，仅完成 83.3 万立方米，比上年同期下降 14.13%。2014 年，我国共进口原木 5119.43 万立方米，比上年同期增长 13.36%，进口量增加 603.53 万立方米。

(二)针叶锯材虽进口量下降，但是总量仍保持一定的增长速度

由于我国木质家具、胶合板、中纤板、刨花板和木质地板出口大幅度增长，对锯材需求量增加，但是受房地产影响，针叶材需求下降。普通阔叶材市场因木质家具、胶合板和木质地板的需求量仍较大，国际锯材市场也普遍看好。我国锯材主要进口国家 2014 年完成情况如下：俄罗斯完成 790.23 万立方米，比上年同期增长 12.47%，进口量增加 87.6 万立方米；加拿大完成 663.44 万立方米，比上年同期下降 3.32%；美国完成 280 万立方米，比上年同期增长 8.41%，进口量增加 21.71 万立方米；泰国完成 223.06 万立方米，比上年同期增长 17.6%，进口量增加 33.28 万立方米；新西兰完成 36.82 万立方米，比上年同期下降 26.38%。由于我国去年高档锯材进口速度过快，

加上今年受房地产的影响，针叶材和高档锯材使用量减少，导致有些地方存在积压现象，进口商有些控制。2014 年累计，我国锯材进口量完成 2565. 56 万立方米，折原木材积 3665. 09 万立方米，比上年增长 7. 17%，增加 171. 59 万立方米。

二、国外各种优质人造板抢占我国市场

由于美国环保局(EPA)发布了两项关于复合木制品技术性贸易措施通报。这两项对甲醛排放的标准提出了比以往更为严格的指标，这一标准已从 2014 年 7 月 1 日起强制执行。由于这一“指标”对我国木质家具、实木复合地板等木制品出口到美国影响较大，为了适应美国的要求，我国出口企业就必须进口符合美国要求的各种人造板，加上我国 2015 年以来木质家具出口量大幅度增长，尤其是出口到美国的板式家具和实木复合地板等大幅度增长，带动各种优质人造板的进口，尤其是中纤板。相对来说，由于我国进口刨花板生产线相继投产，质量能够符合质量要求，因此进口不断下降，至 12 月底已出现负增长。

(一)胶合板进口量增大

虽然我国是胶合板生产大国，但是许多质量仍较差，优质胶合板仍无法满足实木复合地板和装修等的需求，尤其是达到美国甲醛释放量标准的胶合板仍较少，因此 2014 年共进口胶合板 17. 8 万立方米，比上年同期增长 15. 04%，主要进口国家是马来西亚(77442 立方米)、印度尼西亚(35259 立方米)和俄罗斯(31393 立方米)等国。

(二)中纤板进口大幅度增长

由于我国中纤板质量许多仍较差，无法达到出口要求，为了达到我国出口到美国的家具和强化地板等符合美国甲醛释放量的强制性标准的需要，2014 年我国共进口中纤板 23. 97 万立方米，比上年同期增长 223. 83%。主要进口国家和数量分别是：新西兰，45581 立方米；泰国，32766 立方米；澳大利亚，37897 立方米；德国，25673 立方米；意大利，15361 立方米。

(三)刨花板进口首次出现负增长

由于近年来我国引进多条刨花板生产线，很多产品质量能达到美国甲醛释放量标准的需要，所以进口量逐渐减少。至 12 月底根据海关统计，进口已出现负增长。通过实践证明，只要提高产品质量，就能抢回被国外板所占领的市场。2014 年我国共进口刨花板 55. 25 万立方米，比上年同期下降 1. 49%。主要进口国家和数量分别是：德国 27104 立方米、马来西亚 165153 立方米、越南 53863 立方米、罗马尼亚 80721 立方米、加拿大 46979 立方米、泰国 112202 立方米、巴西 23418 立方米。

三、木质家具进口大幅度增长

由于大量的商品房都逐渐进入进住阶段，加上人民币汇率较高等因素的共同拉动，2014 年我国木质家具进口在加速，其中，进口数量 774. 81 万件，比去年同期增长 32. 85%，进口金额 63653. 6 万美元，比去年同期增长 24. 46%。

四、人造板出口形势

(一)刨花板出口形势继续向好

我国近年来刨花板发展较快，除了大部分用于国内家具、厨房用具和装修等外，有一部分刨花板需要出口找销路，2014 年我国出口量完成 36.28 万立方米，比上年同期增长 45.33%，增加数量 11.32 万立方米。主要出口国家及数量如下：俄罗斯 61512 立方米、蒙古 53379 立方米、印度 15524 立方米和塔吉克斯坦 25310 立方米。

(二)中纤板出口大幅度增长

近年来我国中纤板发展很快，但是由于质量等原因，国内市场已接近饱和，加上美国今年的新“标准”后，大量国外优质中纤板涌进我国市场，加上受房地产影响，国内家具销售困难加大，对中纤板需求减少，国内市场的饱和度增大。因此有相当数量的中纤板需要出口找销路。2014 年中纤板国际市场普遍较好，传统出口大国全面增长。如美国完成 652093 立方米，比上年增长 3.42%，增加了 2.16 万立方米；韩国完成 66879 立方米，比上年增长 9.07%；伊朗完成 166777 立方米，比上年增长 39.06%，增加了 4.68 万立方米；俄罗斯完成 166777 立方米，比上年增长 39.06%，增加了 6.02 万立方米；加拿大完成 275979 立方米，比上年增长 7.73%；沙特阿拉伯完成 309914 万立方米(去年没有出口)。除传统出口大国全部增长外，从整个国际中纤板市场看，各大洲普遍看好。如阿联酋 16.04 万立方米、印度完成 62.31 万立方米、越南 6.9 万立方米、乌兹别克完成 5.3 万立方米、罗马尼亚完成 3.4 万立方米、南非完成 3.33 万立方米、英国完成 2.37 万立方米等。江苏是我国中纤板出口最主要集中地(很大部分是强化地板)。2014 年完成 240.09 万立方米，增长 37.18%，占全国出口量的 65.72%；山东完成 45.87 万立方米，增长 144.25%；广东完成 14.28 万立方米，增长 120.33%；浙江完成 11.66 万立方米，增长 33.43 万立方米；上海完成 11.14 万立方米，比上年同期增长 8.8%；广西完成 5.49 万立方米(去年没有出口)；只有河北完成 2.93 万立方米，下降 25.39%。

由于国际中纤板市场看好和我国资源丰富，所以 2014 年我国的中纤板出口完成 365.3 万立方米，比上年同期增长 45.33%，增加数量 11.58 万立方米。

(三)胶合板出口量大幅度增长

过去的一年，由于国际经济形势好转，胶合板市场出现了需求明显增长态势，2014 年出口到美国的胶合板完成 167.76 万立方米，增加数量 33.08 万立方米，比上年同期增长 24.56%，占我国出口量的 12.69%；日本完成 82.92 万立方米，比去年同期增长 1.68%；英国完成 71.56 万立方米，比上年增长 10.03%；沙特完成 60.03 万立方米，比去年同期增长 41.06%，增加数量 17.48 万立方米。另外，从整个胶合板国际市场看都较好。亚洲市场更是普遍看好，如香港地区完成 21.77 万立方米，比上年增长 27.68%；新加坡完成 22.94 万立方米；越南完成 26.8 万立方米；阿联酋完成 69.79 万立方米；菲律宾完成 67.85 万立方米。除了亚洲外，其它国家和地区也完成不错，德国完成 17.04 万立方米、比利时完成 24.4 万立方米、尼日利亚完成 15.6 万立方米。

2014 年我国的胶合板出口完成 1169.56 万立方米，比上年同期增长 13.98%，增长数量达到 143.42 万立方米。按出口数量排列顺序：山东完成 555.87 万立方米，比上年同期增长 14.87%，占我国出口量的 42.06%；江苏完成 327.13 万立方米，比上年同期增长 16.31%；广东完成 61.55 万立方米，比上年同期增长 10.13%；广西完成 61.22 万立方米，比上年同期增长 6.51%；浙江完成 40.91 万立方米，比上年同期下降 5.46%；上海完成 12.86 万立方米，比上年同期下降 2.71%。

五、我国木质家具出口形势较好

(一)2014 年出口的基本形势

过去的一年，由于国际经济形势好转，木质家具市场出现了需求明显增长态势，大多数国家的木质家具需求量在逐步增加，尤其是我国木质家具、传统家具出口大国都有增长。列我国木质家具前四位的分别是：美国出口数量完成 6812.54 万件，增长 4.06%，出口金额 427322.22 万美元，增长 7.25%；日本出口数量完成 1726.59 万件，增长 0.51%，出口金额 75682.44 万美元，增长 1.62%；英国出口数量完成 1285.52 万件，增长 16.03%，出口金额 61690.78 万美元，增长 20.4%；德国出口数量完成 1165.92 万件，增长 23.7%，出口金额 40200.72 万美元，增长 7.83%。除了传统家具出口大国增长外，由于整个国际家具市场较好，亚洲市场更是普遍看好，如新加坡完成 5.75 亿美元、马来西亚完成 5.53 亿美元、阿联酋完成 4.27 亿美元、韩国完成 6.23 亿美元、香港地区完成 2.91 亿美元等。除了亚洲外，世界木质家具市场普遍看好，如南非、欧洲、大洋洲许多国家的木质家具出口形势较好。

(二)木质家具和木质坐具的出口数据喜人

在大多数国家的木质家具和木质坐具需求量增长的形势下，我国 2014 年各项木质家具和坐具出口仍取得较好业绩。主要表现在出口数量方面：共完成 30082.71 万件(万个)，比上年同期增长 10.74%。其中，木质家具完成 22117.44 万件，比上年增长 9.87%。在木质家具类中，办公家具 1707.17 万件，比上年增长 7.58%；厨房家具 2272.64 万件，同比增长 11.28%；卧室家具 3230.94 万件，同比增长 17.1%；其它家具 14906.69 万件，同比增长 8.07%。木质坐具完成 7965.27 万个，比上年增长 13.25%。其中，木框坐具 5030.72 万个，比上年增长 13.75%；其他木坐具 2934.55 万个，同比增长 12.44%。在出口金额方面：出口金额完成 190.43 亿美元，比上年同期增长 18.37%。其中木质家具完成 141.15 亿美元，同比增长 13.46%。木质家具类中，办公家具 10.31 亿美元，比上年增长 15.53%；厨房家具 12.07 亿美元，比上年增长 16.17%；卧室家具 39.02 亿美元，比上年增长 27.52%；其他木质家具 79.75 亿美元，比上年增长 7.06%。木坐具完成 49.28 美元，比上年增长 20.47%。其中：木框坐具 41.65 亿美元，比上年增长 23.39%；其他木坐具 7.63 亿美元，比上年增长 6.71%。

——陈水合

第二部分

贾治邦《论生态文明》一书研讨

全国政协常委、全国政协人口资源环境委员会主任、国家林业局原局长贾治邦所著的《论生态文明》，2014 年 9 月由中国林业出版社出版，2015 年 3 月再版发行。2005 年 11 月至 2012 年 2 月，作者任国家林业局局长，对我国生态文明建设作了比较深入的调查研究，先后发表了多篇有关生态文明的重要论述。《论生态文明》系统总结了生态文明的发展历程，是一部填补空白、引领发展之作。全书深入浅出地论述了生态文明建设的理论与实践，入选第二届全国党员教育培训教材展示交流活动获奖教材书目。

2015 年 4 月 22 日，由中国林业产业联合会、中国林业文联、中国林业出版社和北京林业大学共同主办的《论生态文明》座谈会在陕西榆林举行，来自中国科协、国家林业局、清华大学和《绿色中国》杂志等多个单位的专家和学者高度评价了本书的学术地位和实践价值，为生态文明建设融入社会主义现代化建设各方面和全过程提供了可行的方略。本书选取了其中的优秀发言集结成文，供读者参考和研究。

节约资源能源　保护生态环境　保障安全健康

2006 年国务院出台《科学素质学会计划纲要》，当时我在中国科协工作。这个文件出台后，每年要搞一个主题，我记得是三句话，节约资源能源、保护生态环境、保障安全健康。作为公民科学素质为主题的一个活动的三句话，对生态建设起到了重大的推动作用。对生态文明这个概念，我觉得《论生态文明》里面，在第一节有这么一段话，我想和大家共享一下。首先讲到的生态是生物与生物、生物与环境之间构成的有机体系，其内涵无比丰富，其关系无比复杂，生命之间密切相关，生生不息，所有科学研究不注意？群体的奥秘，所以说技术描绘不足以展现壮丽。我就理解这句话，就是生态学应该既是科学又是艺术。

我看完这本书后印象非常深的有三点感受。第一点是可读性。一本书给谁看，读者喜欢从这个书里面得到什么，这个是非常重要的。第二点是理论性，有自己独特的视角。贾主任是一个高级官员，写出这样的书，都是自己的理论研究和亲身实践经历，有很多的观点使我们深受启发。第三点是实践性。我觉得这三点非常非常重要。这本书是生态文明理论与实践的总结。现在社会上往往对生态学这个定义有争议，没关系，至少我们是一家之言，而且我看了以后我非常赞成。给这个社会树立生态理念，非常非常关键。我们的未来是年轻人的，属于年轻一代的，然而我们现在的生态环境，已经到了非治理不可的程度，我们发展到底为什么？其实简单讲，发展也是为了过好的日子，而过好日子，空气不行，水不行，土壤也有问题，这些东西都不行，我们还怎么发展？好在我们意识到了，而且提出来了，把生态文明建设提到这个高度，人人应树起这个意识。

生态文明建设关键还是行动，今天开展一系列的活动都是在践行生态文明进程。我建议将生态文明知识教育引进我们学校的课堂。如果在大学的教育、中小学教育要是有这个生态文明意识，何愁我们的经济社会不可持续发展？孩子从小要有这个意识，到了大学，树立生态发展的世界观，未来的我们社会如何发展也是他们设计。就是把生态发展理念融入设计与发展的全过程，那么，我们以后的发展就会减少很多不必要的投入。

——齐　让

生态文明是社会主义现代化建设的必经之路

今天是世界地球日，我们有机会一起参加贾志邦局长《论生态文明》一书的座谈会，感到非常高兴。大家知道，生态是在自然环境下生出和发展的形态。文明是人对社会进步的一个状态，生态文明是人类文明中反映人的进步与自然的存在和谐程度的状态，生态文明建设的核心要以维护自然生态的平衡，实现人与自然的和谐，生态文明既是新常态下人类社会发展的潮流和趋势，也是我们社会主义现代化建设的必经之路，其意义极其深远。

《论生态文明》这本书是集自然知识、社会知识、人文知识、历史知识于一体的有关人类生态建设的叙述书，是生态科学的综合性研究，是生态文化的最前沿的探索，是一本深度解读生态文明的精品力作。本书文本分 11 个部分，针对生态文明的发展脉络、建设路径等一系列问题进行了精准的梳理，提出了我国生态文明建设在新常态下的发展方略，是作者多年从事林业建设和生态维护工作实践经验的总结，更是作者对生态文明建设诸多深刻理解的结晶。思路清晰、实践路径明确，具有较强的现实指导意义和较高的学术价值。

贾局长作为林业的老领导，从国家林业局到全国政协，一直关注和支持林业建设事业，致力于生态文明和生态理念建设的传播。《论生态文明》一书正是他多年的理论和实践的积累，使他从生态到生态系统，从生物多样性到生态产品，从生态危机意识到生态文明发展之路，从美丽中国的论述，到生态法制的建立都有自己独到的见解，使他在这本书的创作过程中，能够以一个更为广大的视角，从多角度、多层次对生态文明进行深刻而详尽的论述，也是众多国人所急切关心的生态文明建设走向和方略。在本书的文本中，贾局长用非常宏大的篇幅展现了生态文明的过往、现今和未来。对于生态文明的若干问题，从历史发展的脉络出发，从横向上关注了生态文明同物质文明、精神文明、政治文明的关系。从纵向上关注了生态文明同原始文明、农业文明、工业文明的关系。

从人类文明史的发展上，探求生态文明的最重要的，也就是建设以资源环境承载力为基础，以自然规律为遵循，以可持续发展为目标的资源节约型、环境友好型社会。同时，还从现实出发提出一些关键性的问题，发人深省，人从哪里来？该往哪里去？人在生态系统中处在一个什么样的位置？生态产品如何产生？中国公民又如何享用？中国执政党将赋予美丽中国怎样丰富的内涵？对这些问题，贾局长以深入浅出的朴素语言，进行相应和准确的回答，跨度之大，范围之广，是我们从过往的文本中难以看见的。

文本中的朴素语言和饱含对大自然的热爱，对良好生态环境的期待深深地感染着我们，在不自觉用生态文明的思想去认识当前的生态问题，同时也不自觉地在生态中践《论生态文明》一书所传递的生态文明体系，其核心是生态文明与地球上每一个人息息相关，从自身做起，生态文明才能形成自觉的社会秩序，我们才能跨越新阶段进入生态文明时代。山、水、林、田、湖是一个生命共同体，我们与所有生物生存在其中，生态文明意识的增强是我们要关注的重点。同时，也要强化生态保护法律的制定和执行，进行法制化建设，进行完善的制度建设。

贾局长《论生态文明》一书已经被评为第二届全国党员教育培训优秀教材，这是领导干部，尤其是林业战线上干部职工研究生态、研究林业的教科书。《论生态文明》这本书对帮助我们深入学习领会党的十八大及十八届三中、四中全会精神和习总书记系列重要讲话，特别是关于生态建设和林业工作的重要论述，准确把握新常态下的生态文明建设的目标、任务和要求，全面落实以生态建设为主的林业发展战略具有重要的意义。林业部门的同志更要率先学习《论生态文明》这本书。竭力联系当前林业改革建设实际，将这本书纳入林业干部培训教学，学好、用好书中提出的新理念、新观点、新思路。通过学习，不断深化对林业在生态文明建设中的重要地位和作用的认识，进一步增强使命感、责任感和紧迫感。要积极进取，扎实工作，奋发有为，为建设美丽中国推动中华民族走向生态文明新时代作出新的更大的贡献。

——张建龙

生态文明建设是一场全民合作

今天是“世界地球日”，我们在这里召开“论生态文明”座谈会有着特殊的意义。进入21世纪，资源约束趋紧，环境污染严重，生态系统退化，生态危机加剧，成为全球、全人类共同面对的严峻挑战，党中央准确把握人类社会发展的客观规律，审时度势，及时做出了大力推进生态文明建设的战略决策，要求我们必须树立尊重自然，顺应自然，保护自然的生态文明理念，把生态文明建设融入经济建设、政治建设、文化建设、社会建设各方面和全过程。

近年来，国内外很多领导、专家、学者对生态文明建设的理论和实践做了诸多卓有成效的探索。而全国政协人口资源环境委员会主任、国家林业局原局长贾治邦的研究和探索更具有特殊性。贾治邦同志长期担任生态文明建设领域的重要领导，曾参与了中央生态文明建设决策过程，在生态文明建设方面有着深入的研究和丰富的实践经验。2014年9月，贾治邦同志《论生态文明》著作正式出版，随即在社会上引起强烈反响，受到社会各界人士的一致好评，并且于当年年底即告售罄。近日，经过进一步的修订和出版发行，第二版又正式与读者见面了。

今天很高兴和大家相聚在这里，主要目的就是共同座谈、分享《论生态文明》一书的理论成果和实践经验，研究探讨这部著作对生态文明建设的重大贡献和重要启示。大力弘扬书中倡导的生态文明思想和理念，同时通过深入的座谈、交流促进生态文明理念不断深入人心，倡导全社会争做生态文明建设的参与者、推动者、实践者，为全面建成小康社会实现中华民族伟大复兴的中国梦作出应有的贡献。

贾治邦主任在这本书的后记中有一段话是这么说的，“生态文明建设刚刚起步，一些理论和实践都处在探索之中，本书在这个时间上出版，必然带有初级阶段的各种不足，欢迎来自各方面的批评指教”。这些话为我们在这里召开《论生态文明》座谈会，尤其是为各位专家和同志们发言和讨论，提供了畅所欲言的空间和氛围。大家在发言中从不同侧面对这部著作给予了很高的评价，尤其可贵的是，大家还对这本书的再版提出了许多建设性意见。不仅如此，大家还对如何理解生态文明的理念，如何树立生态文明的意识，如何宣传生态文明的思想以及加强生态文明建设，都提出了很好的建议。可以说，大家讨论发言的许多观点，可谓真知灼见，听后使我们大家都很受教育和启发。对《论生态文明》一书，我个人也是感同身受的，诚如大家所言，该书凝聚了贾治邦主任多年来对林业工作实践和生态文明建设深刻系统的思考，饱含着贾治邦主任对林业生态建设和生态文明建设难以割舍的深厚情怀。可以说，该书是国内全面系统总结概括生态文明发展历程，深刻阐释生态文明理念内涵和实践经验的一部力作，填补了林业领域研究生态文明的空白，具有很高的学术价值和重要的学术意义。首先，这是一部揭示自然生态发展规律的好作品，有很强的理论性。第二，这是一部传播生态文明科普知识的好作品，有很强的教育性。第三，这是一部精选破坏自然生态典型案例的好作品，有很强的警示性。第四，这是一部总结生态文明实践成果的好作品，有很强的指导性。可以说，这本书中的内容既有宏观的前瞻性思路和思考，又有微观的可操作性和措施，对做好全国林业生态建设工作具有重要的指导意义。

我们相信，《论生态文明》一书作为中央组织部党员教育中心推荐教材，今后在全国的发行和影响将更广，发挥的作用也将更大。正如《论生态文明》一书倡导的那样，“生态文明建设是一场全民合作，人人都是生态环境的维护者，人人都是生态文明的建设者，只要我们每个公民都能够从自身做起，爱护自然，保护环境，我们国家就能够实现建设生态文明的目标。我们的民族就能拥有风调雨顺、国泰民安的美好明天”。让我们携起手来，聚力同心、砥砺奋进、扎实工作、锐意进取，共同为建设生态文明和美丽中国作出应有的贡献。

——陈述贤

实现我们的生态梦

我认真拜读了贾治邦局长的大作《论生态文明》一书，爱不释手，受益良多。有四点感受如下：

一、非常钦佩。贾局长从2005~2012年7年间担任国家林业局局长职务，做出很好的业绩，获得业界的好评，也获得世界自然基金会和联合国防治荒漠化公约的嘉奖。他原来的专业是无线电和经济管理，但他从事林业工作以后，干一行，爱一行，专一行，深入研究林业科学理论，细致考察林业基层经验，总结林业生态实践，写出这本近30万字的专著，甚是难得，令人钦佩。

二、非常及时。作者酝酿和写作《论生态文明》一书的时期，正处在党的十七大和十八大召开的重要时期。两届大会分别倡导和决策推进生态文明建设的战略思想，有着非常重要的历史意义。十七大的报告，提到“生态文明”有两次一句话，共94字。十八大的报告，提到“生态文明”有15次，用整整一个标题段来论述生态文明建设的意义和战略思想，共1960字。把生态文明建设作为党的战略决策，在党的历史上是空前的，这是一个非常大的飞跃，是一个非常重要的战略决定。当前，在落实和实施建设生态文明的战略决策中，广大干部和群众迫切需要既有理论深度，又有实际指导价值的书籍，《论生态文明》这本书应运而生。因此，这本书入选第二届全国党员教育培训教材，是理所当然的。

三、充满激情。这本书作者是用激情来写的，深深地感动了我。比如写到要像儿子孝顺母亲那样感恩地球；写到印度尼西亚森林被烧毁，黑猩猩母亲悲哀地含泪死去；写到藏羚羊被大量屠杀，尸横遍野，藏羚羊胎儿也不能幸免，等等。看后，催人泪下。当写到生态环境被保护，人居环境兴旺发达的时候，作者那种喜悦的心情油然而生，比如写到张家界20世纪70年代生态和谐，经济繁荣的时候，他引述吴冠中先生的一篇散文《养在深闺人未识》，借以抒发自己的情怀。作者把自己的感情融入这本书，这份感情是什么呢？就是他的梦，是他的中国梦，也是他的生态梦。

四、理论创新。这本书系统、完整、全面地阐述了生态文明的性质和特点，产生的历史渊源和社会背景，发展现状和前景，建设生态文明的关键问题和相应的对策等。书中对生态文明、生态系统、生态产品、生态红线等概念，给出科学的分析和界定，从而建立了研究生态文明的理论框架和学术体系。书中还就中国生态文明的问题和警醒，生态系统的破坏和恢复，生态文明的建设和前景等进行了深入的案例解剖和创新研究。书中探索了生态文明与经济、政治、社会和文化之间的关系，探索了生态文明与科技、道德、法和人之间的关系。作者认为，深入推进生态文明建设，根本要求是要将其融入经济建设、政治建设、文化建设、社会建设各方面和全过程。关键是要唤起全民的生态意识，当前特别要唤起各级领导干部和企业负责人的生态意识。

有两点建议，谨供参考：

一、建议翻译出版英文版的《论生态文明》。把这本著作推广到全世界，让世界各国政府和人民了解中国人的生态观，了解中国为生态文明建设作出的艰苦卓绝的努力和贡献，了解我们未来建设生态文明的战略设想。

二、建议列专项研究“五位一体”结构体系。建议作者或其他有志于此的学者，能够深入研究和论述“五位一体”的矛盾统一和脉络历程。让生态文明的理念真正融入经济建设、政治建设、社会建设和文化建设之中，沿着可持续发展的道路和谐发展。

——侯世昌

填补了一定的生态理论空白

我认为《论生态文明》是一本理论性、知识性、可读性兼具的优秀生态文明专著，这本书在我看来有两个突出的贡献：

一是这本书在理论阐述上，较好地回答了人民群众在生态文明建设中面临的一系列迫切需要回答、而又往往没有得到很好回答的命题。再者就是生态文明建设的基础地位问题。这个在国内争议很大，不同的部门都说是他的基础，强调自己是生态文明建设的基础地位。这本书说的就较为客观，整个生态文明建设的基础讲的是保护好生态系统。

还有一个问题是，什么是生态危机？生态危机、资源危机、环境危机等等危机，到底是怎么回事？这本书都包括进去了，而不是强调哪一个方面。再具体一点，什么是生态？什么是环境？什么是资源？这三个概念讲得比较清楚，尤其是对生态和环境的区别讲得很清楚。国际上早就提出这个问题了，问什么是生态环境？这次十八大报告就讲得非常清楚，资源约束趋紧，环境污染严重，生态系统退化，这三个词把它分得很清楚，也就是说生态、环境不是一回事。这本书里面把这个概念讲清楚了，这有利于我们干部更好地深入学习领会十八大的精神，把这几个东西分清楚。生态指的就是生态系统，包括生物和生物周边的环境，而环境里面被消耗的部分就是资源。这就是生态、环境、资源的关系。

生态文明的概念，从十七大提出，到十八大进行全面部署，这对于林业战线从事生态文明建设、推广与研究工作的同仁来说，遇到了一个千载难逢的重要机遇，但我们干部的知识结构还不能适应新常态下的生态文明建设，所以我在若干的城市都大声呼吁，我们的干部要学一点生态学。《论生态文明》这本书里面如此系统地介绍生态学的知识，尤其是生态系统的知识，就是中央文件里面所讲的生态文明建设的根基，这方面的知识，从一定意义上也是填补了一定的空白。

——黎祖交

第三部分

指南研究制定的支撑报告

造纸业林纸一体化发展分析

我国造纸工业已步入转型期，由数量主导型向质量效益型转变势在必行。随着我国新型工业化、信息化、城镇化、农业现代化的发展，内需将进一步增长，必将给造纸工业发展带来新的挑战与发展。

一、中国造纸业的挑战

(一)原料供给不足

经过 20 年的努力，中国纸业实现了从产业小国到产业大国的飞跃。但我们必须清醒地认识到，中国是造纸产业大国，远不是造纸产业强国，与先进国家相比，还有相当大的差距。中国在未来的纸业发展之路还面临诸多困难与挑战，尤其是原料的供给能力不足问题，一直是影响中国造纸业平衡健康发展的重要因素。

造纸所需的主要原材料包括木浆、非木浆和废纸浆。其中，木浆是造纸最好的材料，其含量直接决定着纸制品的产量和质量。然而，受地理条件和历史传统等诸多因素的影响，国内原料林基地建设迟缓，供材有限，加之清洁生产新技术开发滞后，导致非木浆造纸的发展受到严重影响，再加上国内废纸回收率偏低等因素，使得造纸纤维原料自给率难以提高，供需矛盾日益加剧。据统计，2013 年，国内造纸产业消耗木浆 2378 万吨，占纸浆消耗总量 26%，其中国产木浆仅占 10%，而进口木浆则占到了 16%；废纸浆 5940 万吨，占纸浆消耗总量 65%，其中国产废纸浆占 39%，而进口废纸浆则占到了 26%。2014 年 1～6 月，中国累计进口纸浆数量达 880 万吨，比上年同期增长 6. 7%；同期，累计进口纸浆金额共计 60. 4 亿美元，比上年同期增长 9. 7%。其中 2014 年 6 月，中国进口纸浆数量达 151 万吨，同比增长 17%，环比减少 4. 1%；进口纸浆金额共计 10. 0 亿美元，同比增长 13. 5%，环比增长 0. 5%。据专家统计推算，到 2020 年我国纸浆需求量为 1. 3 亿～1. 4 亿吨，如果木浆全部由国内生产，大约需要消耗纸浆木材 1. 2 亿立方米，废纸 1 亿吨，非木材纤维原料 2800 万吨(绝干重)。这标志着中国造纸工业对木浆和废纸浆的需求增长较快，国内原料将出现严重的供给不足。

造纸业是木材使用大户，目前中国的森林覆盖率仅为 21. 63%，远远低于世界平均水平。世界每年消耗的森林资源中，有 40% 用于造纸，但中国目前造纸用材仅占中国森林资源消耗的 6. 7%。伴随着近年来以木材为原料的多产业的快速发展，我国的林区普遍遭到严重破坏，原始森林面积迅速缩小。由于国情和条件限制，我国原料基地建设缓慢，规模经营难以落实。另外，快速发展的人造板、生物能源和生物化工行业与造纸行业产生原料竞争，挤压了纸浆材的来源空间，使造纸工业的原料供应一直陷于被动局面。

废纸已成为我国纸浆纤维的主要来源，但进一步发展空间有限。据统计分析，2014 年上半年，我国废纸浆利率已在 70% 以上，其中累计进口废纸数量达 1411.0 万吨，利用率高于 30%，处于国际较高的水平。由于资源限制和成本的制约，造纸发达国家都逐步增加了对废纸利用的重视程度，废纸资源的竞争将越来越激烈。因此，随着我国造纸业进一步发展，国内废纸浆的利用率将不断增加，但比例增加的难度会相对较大。

我国是农业大国，秸秆等非木质纤维原料资源丰富，但目前的造纸产业正向着高品质、低消耗、清洁生产的产业结构发展，以草为主要原料的格局将难以再现，但作为必要的补充地位将长期存在。从实际情况看，由于受木材原料短缺的制约，未来草浆还将在造纸市场中存在下去，并在造纸原料中起到不可替代的补充作用。但不会是传统的污染型小规模草浆生产线，而是以循环经济思路发展起来的上规模的新型草浆生产线。此外，传统的造纸工艺纸产品结构单一，只利用了原料中的纤维素，而大量的半纤维素与木素进入废液，不仅造成了原料的浪费，更加剧了环境污染问题。随着资源成本的提高，必须改变只产出单一纸品的生产模式，还应充分提取造纸原料中的纤维素、半纤维素和木素等各种成分，同时生产浆、纸、高分子材料、化学品和生物质能源等多元化高附加值产品。

(二)产品结构不合理

在国际金融环境的影响下，全球产品供大于求、增长乏力，造纸行业也告别了产品短缺时代，部分产品出现产能过剩，这增加了我国纸产品的出口压力，致使商品包装纸、纸板和包装物的出口率大幅下降。加之产品结构不合理，新闻纸、生活用纸等中低档产品比重过高，产品同质化严重，加剧了造纸工业发展速度的下滑。

随着互联网与电子媒体的发展，全球新闻纸产销量在总量占比中呈连年下降趋势，生活用纸和瓦楞材料占比连年上升，各种食品、饮料功能性包装纸及纸板、特种纸及纸基功能新材料迅速发展，造纸品种规格达到上万种，并总体上向绿色、低碳、节约、可持续发展方向迈进。据国际权威部门预测分析：到 2020 年全球箱纸板需求年均增长为 2.8%，中国将高达 4.9%；涂布白纸板需求年均增长为 2.4%，中国约为 4.1%；特种纸需求年均增长为 1.1%，中国将高达 3.4%。另据中国造纸协会生活用纸专业委员会预测，到 2020 年，生活用纸需求年均增长将高达 5%~7%。文化用纸和办公用纸，短期内市场需求会相对稳定。长期看，市场有萎缩的可能，尤其是新闻纸，受电子媒体的影响，消费量逐年下降。因此，顺应社会转型与纸张需求变化，实施战略转型，从以产品为中心转向以顾客为中心，优化调整产品结构势在必行。我国造纸产业应以市场需求为导向，对传统产品进行低成本再造与产品价值提升，淘汰消耗高、质量差产品，加强市场萎缩产品的调转，限制过剩产品新建，加快产品档次的升级换代，巩固提升大宗产品的传统地位。同时，引导造纸产品向低定量、低消耗、增加单位产品使用面积、低白度的消费新理念转变，向高强度、功能化、环保型、高附加值方面提升，进一步开发高得率浆、再生纤维，以及秸秆为原料造纸新产品。注重高性能纸基功能材料的开发，力争在特种纸及纸板、电子信息和新型生物质包装材料等功能纸开发上取得新的突破；加强高阻隔、安全、卫生食品包装纸与纸板和包装容器的开发；同时，要注重生活用纸的市场细分化的深度开发。优化产品结构，实现多类纸产品的生产与市场需求的平衡。

（三）技术创新能力薄弱

虽然我国纸及纸板的生产量和消费量均居世界第一位，但行业科技基础能力和技术创新能力不足的局面依然没有改变。突出表现为以下几点：

(1) 自主创新能力薄弱　研发资金投入不足，行业整体自主创新能力建设和创新能力服务支撑体系不完善，使得产、学、研、设计技术创新联盟等行业技术创新公共服务平台发展速度缓慢，目前尚未形成产学研创新体系的有机整体，在协同攻关当代造纸科技方面尚存在未能充分发挥造纸科技资源的问题，有待进一步解决。

(2) 产业工程化科技成果相对较少　面对企业需求，在新工艺、新设备和新产品的研发方面尚缺少自主创新的产业化、工程化重大成果，对企业改造升级支撑动力不足，有待提升科技创新能力，重点突破，加大自主创新技术与装备应用的比例。应充分发挥高等院校、研究院所和企业培养专业人才的优势，依托重大科技专项重点项目建设，进一步优化人力资源结构，建设高素质创新人才团队。

(3) 高端装备和关键部件依赖进口　国内造纸装备制造业技术创新能力不足，缺乏跨学科多专业配套的创新团队，缺乏实验装备与手段，缺乏对基础理论研究以及从工艺到装备和控制等系统性、成套性研究，难以掌控产品核心技术，致使高端大型制浆造纸设备及关键部件(如大型蒸煮、筛选、漂白设备，高速纸机流浆箱、靴式压榨、压光机、复卷机等)基本依赖进口。

(4) 国际合作不足　现代制浆造纸主要技术与专用化学品研究开发都掌握在为数不多的跨国公司手中，使得中国造纸业在技术上存在结构失调问题，一方面表现在欠缺国际上的先进技术，另一方面国内的先进技术又处于“非主流”地位，呈现出难以为继的趋势。应鼓励造纸业外商投资企业与内资企业、科研机构优势互补、共同研发、共享成果，扩大技术溢出效应；鼓励中外企业加强研发合作，支持符合条件的外资企业和内资企业、研究机构合作申请国家科技开发项目、创新能力建设项目；鼓励国内企业参与国外技术研发、接受技术转让，提升我国造纸工业技术研发水平和创新能力。

(5) 复合型人才短缺　目前，造纸企业都在向大规模、新技术、精装备、现代化管理的方向迈进。造纸机高车速、高自动化、大幅宽、高产量是当前大规模造纸企业的具体体现。因此，造纸企业需要一大批具有较高素质的复合型人才来操纵和管理，然而目前的造纸企业却面临严重的人才短缺，人才形成断层问题。据统计，当前造纸上市公司员工以高中、中专及以下学历为主，占到了总数的72%，而本科及以上学历只占到9%。近几年，造纸企业积极吸引高等人才，但由于造纸行业的吸引力和薪酬吸引力在不断下降，使得造纸企业吸引高等人才还有不小的难度。

（四）深度调整期考验严峻

根据中国造纸协会年报数据，2013 年纸及纸板产量为 10110 万吨，较上年下降

1.37%，消费量为9782万吨，较上年下降2.65%，人均消费量为72千克(约13.61亿人)，首次出现了负增长，但主营业务收入和利润总额同比分别增长5.96%和6.95%。受此影响，造纸工业"十二五"前3年年均增速不足1.7%，远低于"十二五"4.6%的目标。这意味着我国造纸工业在经历超常规的高速发展、实现生产量和消费量双双过亿吨后，进入短暂的中低速发展阶段，中国纸业已初步由速度效益型迈上质量效益型轨道，这也标志着中国造纸工业进入深刻战略调整期后，迎来深度调整的新阶段。

面对严峻的深度调整新阶段，我国造纸工业正进入结构性紧缩期，将面临保持适宜的增长速度和加快转变发展方式的双重挑战。新阶段的显著特点和发展目标是：在结构优化、发展质量和效益稳定提高的基础上，实现新的产需平衡。因此这种平衡是高水平的产需平衡，是建立在产品和产业链高端化的基础上的平衡，是建立在产品结构、原料结构、企业组织结构更加科学合理的基础上的平衡，是建立在质量效益统一、管理精细化基础上的平衡。然而，当前我国造纸业正面临着增速放缓、生产要素成本不断增加，资源、环境、能源约束全面增强的双重压力。我们传统的高投入、高消耗、低成本的增长模式已不可持续，传统的盈利模式也将遇到巨大的挑战。

新阶段是发展阶段的转换，并非是下台阶，纸和纸板生产总量将以中低速小幅度增长，但发展质量和效益要有新的提高，因此加快结构优化调整和产业升级是重要任务。建立在新的产需平衡基础上的未来纸业发展，总量增长受限，量的扩张将进一步让位于质的提高。更多的是通过产品和产业链高端化战略来实现存量调整，提升产品质量和档次，进一步提高发展质量和发展效益。因此加快从资源消耗型向全生产要素集约利用型转变，培育新的增长点，重塑新的竞争优势是进入深度调整期后的迫切要求，也是我国造纸业面临的严峻挑战和考验。

二、中国造纸工业发展的策略分析

改革开放以来，在国民经济快速发展的带动下，造纸产业取得了长足的发展。2007年，造纸行业实现产需基本平衡的历史性突破，一举解决了长期以来依赖进口的难题。目前，我国已成为全球纸及纸板最大生产国。与此同时，造纸工业也开始由数量主导型进入上质量、上档次、上水平的新的发展阶段。在我国经济由高速增长期进入中速增长缓行期的战略转型期，必须认真把握当今中国造纸业所面临的形势和难点，力争实现对资源的高效利用并将造纸业发展为可持续发展的绿色产业。

(一)造纸行业的政策导向

经过10多年的快速发展，造纸行业在成功解决市场供应短缺这一历史难题后，多个纸种又出现了产能饱和与过剩，在市场需求下降时，出现竞相降价和过度竞争。近几年来，造纸行业一直保持持续低迷态势，在国内经济疲弱，出口形势严峻的背景下，主要下游行业增速进一步回落，收入增速进一步趋缓。2014年，对于造纸行业来说，是改革创新的关键一年。供给方面，行业扩张速度趋缓，但在大企业的推动下行业仍将释放较大规模的新增产能，落后产能的退出将成为影响市场供需格局的主要因素，依据近期的政策导向这一因素或将得到强化。2014年也是我国造纸行业正进入转型升级发展的新阶段。由于经济增长和市场需求减缓，部分产品阶段性过剩，造成纸产品市场竞争加剧，加上企业主要生产要素上涨等因素，挤压企业营利空间，生产经营困难的企业增多。根据国务院的“十二五”规划提出的工业产业要向低成本、高质量、低能耗、高产能的方向发展，尤其是造纸产业作为轻工业中发展最受关注的产业，是四大基础产业之一，所以政府关于造纸产业的政策也是至关重要的。从这几年的政策来看，总体来说，政策导向主要是向着绿色发展的方向进行的。

根据2013年7月19日工信部节能与综合利用司制定的《工业和信息化部关于进一步加强工业节能工作的意见》，其中重点是：进一步加强高耗能和产能过剩行业新建项目管理，从严把好企业技术改造项目审核和节能评估审查、加大淘汰落后产能工作力度，要将国家下达的淘汰年度目标任务，分解到地、市、县、落实到具体企业、具体项目，加快建立和实施超能耗限额企业惩罚性电价政策，加强节能减排技术改造，强化重点用能企业节能管理，实施更加严格的能效标准。这些政策的目的就是为了切实推动造纸等高能耗产业的工业转型升级，从根本上扭转工业能源消耗高、增长快的被动局面，促进工业转型升级和行业绿色发展。随后国家发展改革委在2013年8月9日又出台了《黑龙江和内蒙古东北部地区沿边开发规划》，这个规划中主要是针对佳木斯地区的工业发展，该地区是全国重要的绿色食品加工基地，重要的农机煤机制造基地，林纸一体化生产和新材料基地和国际物流枢纽。政策的目标就是落实国家沿边开放战略和振兴东北地区等老工业基地战略，加快建成面向俄罗斯及东北亚开放的重要枢纽。这个规划的实施有利于发展林纸一体化的生产，有利于提高造纸行业供给能力。随后，国家发展改革委在8月16日又发布了《关于加大工作力度确保实现2014年节能减排目标任务的通知》，这些政策的实施主要还是为了做好节能减排工作，并实现“十二五”节能减排的约束性目标。

通过这些政策的颁布和实施可以看出，2014年以后国家将进一步落实工业的转型升级和行业的绿色发展，造纸工业的政策导向更是向着节能减排、改进技术、低能耗、绿色发展的方向发展的。同时，中国的造纸工业也必须进行转型和技术升级才能在以后的竞争中脱颖而出。

(二)造纸行业的监管策略与发展措施

近年来我国造纸产业蓬勃发展，但是我国环保立法的监管水平明显低于发达国家立法及国际法监管水平，这主要是我国在立法上缺少针对性强的细化规定，法规的制定与更新不及时，可操作性差，不足以发挥法律的威慑和惩戒作用。

为了建立公平的市场秩序和良好的发展环境，政府出台了多项政策，加快了地方相关法规规范的制定与更新工作，并适时修订和完善现有相关执行标准，以符合造纸企业发展的实际。切实做好造纸行业环境监管和服务工作，实现造纸行业可持续发展。并严格环境执法，巩固达标治理成果。积极推行污染治理设施运行社会化、管理规范化和监督自动化。探索建立排污企业环保信用等级管理制度，定期公布重点企业环境保护信用信息，对信用好的企业给予优惠，对信用等级低的企业重点监督，强化社会监督。推行排污许可证制度，禁止无证和超总量排污。要加大对企业的服务支持力度，鼓励支持国内造纸企业走出去，完善现代企业管理，为造纸产业跨越式发展奠定基础。

其次，实行清洁生产，发展循环经济，创建环境友好型的造纸企业。在污染治理中引入循环经济的理念，国家将督促按流域以省为单元的造纸行业结构调整计划的制定和实施，继续对影响水质特别是跨省界断面水质的一批造纸排污大户实行关、停、并、转、迁，对生产规模不经济、技术落后、经营分散、污染严重而又无力治污或无法稳定达标的造纸企业予以淘汰，严格行业准入标准。环保总局将鼓励更多的企业创建国家环境友好企业，为构建资源节约型和环境友好型社会而不懈努力。同时，把地方政府的监管成效纳入政府绩效考核的范畴。通过这一举措，严格规范政府工作人员的行为，切实做到为人民服务。加大对造纸行业的专项检查和督查力度，确保造纸企业合法生产。加大政府对企业的财政投入，扶持合格的造纸企业。另外，造纸产业也应以科学发展观为指导，大力实施产业结构调整，严格规范造纸企业自身的生产行为，严格遵守行业规范。

再者，加大地方政府应对造纸企业的财政投入，鼓励企业加强与科研院所、大专院校的协作，培养一批高素质的企业经营管理和技术人才，鼓励企业增加对技术改造的投入，提高行业整体经济效益。政府可以给予优秀造纸企业一定的税收优惠，对于污染严重，又不注重减排工作的企业加大税收征管力度。加强政府与企业之间的沟通，注重造纸行业协会建设，充分发挥造纸行业协会在政府和企业之间的桥梁作用。行业协会可以参与政府相关法律规范的制定，同时参与行业内部新产品、新技术的研发。政府通过行业协会加强对企业技术人员的培训，同时配合政府部门维护造纸企业的正当权益，积极反映企业资金、税费等问题，加强行业统计工作，推动造纸企业又好又快发展。

最后，还可通过市场化的手段和社会监督的方式来规范造纸企业。鼓励企业申请IS01400认证，保护认证标志，运用无形资产的激励作用形成企业良性竞争。探索建立企业排污权交易制度，并对交易秩序加以有效的政府规制，避免投机行为。量化、细化环境污染的执法依据，严格审批，强化执法监督，建立环境损失的强制补偿制度，以惩罚措施配合激励措施，促成企业积极主动的环保行为。社会监督的内容和形式很多，包括群众监督、新闻舆论监督等。社会监督是国家监督机构必须重视和依靠的力量，也是督促行业监督自我完善的力量。宣传相关法律知识，做到家喻户晓，人人懂得，以提高人们的法制观念。一方面使造纸生产、经营、使用单位及个人知法、守法；另一方面则是强化社会环境保护意识，让公民不但知法而且帮助国家监督机构行使监督权。

为使我国造纸产业健康可持续发展，首先我们要提高产业集中度，鼓励中国造纸企业做大做强，向规模化、集约化经营方向发展，同时通过重组整合将污染严重的小纸厂淘汰出局，发展强势企业集团，为在造纸行业全面实现循环经济创造条件。第二，应该采用税收、补贴等政策向开展“林纸一体化”的造纸企业倾斜，用市场价格的杠杆作用推动中国造纸业走上循环经济之路。第三，破除狭隘的地方保护主义，严厉打击各种环境违法行为，切实做好造纸企业的环境保护工作。第四，大力发展木浆的同时，努力提高国内废纸回收率和废纸利用率，合理利用进口废纸。第五，科学合理利用非木纤维，实施清洁生产新工艺，提高节能减排和综合利用水平，以及非木纤维制浆造纸质量，以缓解国内纤维资源供需矛盾和对进口木材纤维和废纸的依赖，优化造纸原料结构。总言之，造纸行业要按照国家造纸工业"十二五"规划提出的战略目标和任务，通过优化结构，提升改造，淘汰落后产能，增强新产品开发能力，在技术、管理、成本控制等方面练好内功，尽早实现造纸工业由数量主导型向质量、效益主导型转变，全面提升造纸行业的整体水平和竞争力，真正做到由大变强。

(三)解决我国造纸工业污染的方法及建议

造纸工业是对环境产生污染的生产部门，其造成的公害可谓五毒俱全，即废水、废气、废渣、噪声和恶臭。五毒之首当属废水，这是由于造纸工业废水排放量大，废水中又含有大量的纤维素、木质素、无机碱以及丹宁、树脂、蛋白质等等致使废水色度深、碱度大，难降解物质含量高、耗氧量大，可造成整个水体和生态环境的污染。所以废水中的碱回收就显得尤其重要，一个造纸企业能不能顺利地经营下去，关键在于碱回收系统技术是否完善。木类纸浆生产所排出的黑液国内外已有很成熟的碱回收技术，但在草类纸浆生产中，由于草类浆强度低，过滤性能差，加上黑液中的硅干扰和黑液的特性，如细小纤维多，多糖含量高，木素结构复杂等，使草浆碱回收在黑液提取、蒸发、苛化、白泥洗涤等工段均存在一系列困难，尤其在黑液提取及蒸发上难度更大，使我国草浆黑液碱回收技术虽然取得了一定经验，但至今还没有一个值得推广的示范工程。因此，对于黑液处理技术还需进一步加强。降低水耗既是降低成本的重要措施，更是减轻废水处理负荷的有效办法。既可大大节约废水处理设施的投资，也可大大降低成本。同时要充分利用黑液、废渣、污泥厌氧发酵产生的沼气，大力发展生物质能源，提高能源自给率，降低化石能源消耗，以保护环境及降低能源成本支出。

造纸工业中另一个比较严重的污染是漂白纸浆带来的污染，漂白纸浆不仅意味着要浪费大量的水资源，而且带来的水污染也比较难治理。因此，对于治理造纸工业中的漂白，应该从传统的三段氯漂白和氯漂白改进成现在开发使用的无氯漂白(ECF)和全无氯漂白(TCF)，以响应国家的政策导向把造纸企业转向低能耗、绿色的发展轨道上来。近年来，无元素氯(ECF)和全无氯(TCF)等纸浆漂白新技术得到了迅速发展，并在造纸工业中得到了广泛应用。对于我国造纸工业来说，借鉴国际先进漂白技术，结合当前国内行业实际情况，逐步推广 ECF 漂白，力争向 TCF 漂白工艺转型将势在必行。

另外，新发展起来的生物漂白等，利用微生物或其分泌的酶处理纸浆，可有效脱除木素或有利于脱木素，并改善纸浆的可漂性或提高纸浆白度。其中应用于纸浆漂白的酶有半纤维素酶、锰过氧化物酶、木素过氧化物酶和漆酶等，目前用于助漂的半纤维素木聚糖酶的研究最多，Viikari 在 1986 年首次提出的利用半纤维素水解酶提高 KP 浆的可漂性，随后芬兰率先将生物预漂白技术引入制浆造纸工业。至今，用于生物预漂白的木聚糖酶已经历了三代发展：酸性酶、中性酶到碱性酶。目前，对碱性木聚糖酶的研究与应用进入高峰期，采用基因工程与蛋白质工程手段获得性质优良的耐热耐碱木聚糖酶已成为当前研究热点，这是解决造纸工业中的水漂白带来污染的有效办法。

生化法是处理造纸废水的另一种方法，但再生造纸废水必须经过预处理才能进行生化处理，因为其废水中高 COD 物质使其可生化性差。由于生化法处理能去除较低分子量的有机物，可弥补混凝沉淀法的不足，所以由这两种方法组合成二级处理流程具有较大优势。再生造纸废水经此流程处理效果好、运行费用低，不足之处是处理周期长、一次性投资较大。

对于造纸工业产生的废气和废泥等污染物，废气可以实现热能的供应和热气的循环利用，把造纸产业作为一个循环产业来做，这样产生的污染物就可以变废为宝，把资源合理化使用了。对于废泥等，可以利用白泥的处理，经过加工利用之后可以生产化肥，农药等产品，提高能源的利用率，减少资源的浪费。

综合造纸行业的特性以及这几年造纸行业的发展形势，解决造纸污染的问题必须要提高造纸的技术改进，摆脱掉以前复杂的、高能耗、高污染的技术，实行新的无污染漂白和碱回收技术，降低 COD 和 BOD 的排放指标，注重研发产业化的生物技术在制浆造纸工业中的应用，推动行业低能耗、低污染、低排放的低碳经济发展，满足绿色发展的需要。同时大力实施造纸技术产业转型升级，调节现在的产能过剩、高能耗、低效率的生产模式。

（四）解决我国造纸工业原料短缺问题的有效途径

长期以来，原料问题一直严重制约着我国制浆造纸工业的发展。我国虽是树木种类繁多的国家，但又是个贫林国。伴随着近年来造纸产业的快速发展，我国的林区普遍遭到严重破坏，原始森林面积迅速缩小，纸厂用材林资源日益枯竭，使造纸工业的原料供应一直陷于被动局面。近年来，全国各地林业政策有所落实，造林有所增加，但木材供应要满足我国工业的发展需要，仍需长期的艰苦努力。

由于人们环保意识的增强和造纸原料的短缺，回收利用废纸资源造纸已是我国造纸工业原料调整的重要措施之一。废纸利用不仅可以节约大量植物纤维原料、能源和降低成本，还减轻了对生态环境的破坏，既有经济效益，又有很好的社会效益和环境效益，是造纸工业实施循环经济的一项重要内容。目前，我国许多造纸企业已广泛利用废纸造纸。现在我国废纸浆用量已占造纸用浆总量的 52%，这充分说明了我国造纸工业对废纸资源已有较大的依赖性，但值得注意的是国内废纸的回收状况仍不尽理想，目前国内废纸回收率仅为 30.6%，废纸的来源很大一部分是依靠进口。虽然提高进口废纸用量可缓解当前我国造纸原料的不足，但过分依赖进口废纸资源，会使我国造纸产业变得被动。为避免产业危机，我们造纸企业一定要有应对措施和风险的准备。在不断扩大利用进口废纸的同时，减少对进口废纸的过度依赖，必须加大国内废纸的回收利用，努力提高国内废纸的回收率，国家也应制定相应的政策和法规来引导，并积极采取有效措施，做好国内废纸的回收组织工作。

我国造纸植物纤维原料的基本特点，首先是原料严重不足，其次是草类原料多，木材原料少。科学合理地利用非木材纤维原料资源，是缓解原料短缺问题的有效途径。中国是世界上草类原料资源极其丰富的国家，特别是稻、麦草、芦苇（荻）、蔗渣等农业剩余资源，价廉、数量又大。据有关资料介绍，我国农作物秸秆年产量高达 6 亿吨，其中可收集部分约4.5亿吨，但是综合利用率却不足40%。秸秆本身是很宝贵的再生资源，如果充分利用至少可以部分解决我国造纸原料的严重短缺。今后如何用好我国农村大量的稻、麦草资源制浆造纸，是摆在我们面前一项重要课题，我们应该在总结经验的基础上，积极开拓自主创新，研究新技术、新工艺和研制新设备，创造出一条适合我国国情并具有中国特色的新道路。

扩大竹子的制浆造纸利用率。竹子是优良的中长纤维非木材造纸原料，具有适应性广、生长快、产量高、伐期短等优点，在一定程度上可以代替针叶材原料，对造纸工业的发展起着重要作用。我国的竹子有300余种，占世界竹类品种的25%，年产竹材500多万吨，占世界竹材总量的33%，有着悠久的竹材造纸历史。然而，目前我国每年的竹浆产量仅20万吨左右，总产量甚低，竹材在造纸工业的利用率不高。在今后的生产中，我们应重视竹材基地的建设，加强对竹材的纸浆造纸开发利用研究，这对加速解决我国造纸织物纤维原料的短缺难题，发展我国的造纸工业将起到积极作用。

大力扶持林纸一体化循环发展进程，即将原来独立的林、浆、纸三个环节整合在一起，让造纸企业担负起造林的责任，自己解决造纸原料问题，发展生态造纸，形成以纸养林、以林促纸的产业格局，促进造纸企业永续经营和造纸工业的可持续发展。我国从2000年开始实施《全国林纸一体化工程建设"十五"及2010年专项规划》，使国内木浆和废纸的供给能力有所提高，原料结构得到一定改善。木浆用量由2005年的1130万吨增至2013年的2378万吨，占总用浆量的26%；废纸浆由2810万吨增至5940万吨，比重由54%提升至65%。经过多年的发展，我国纸及纸板产量获得了很大的提高，取得了巨大的成绩。到2013年为止，全国纸及纸板生产量10110万吨，比2005年增长80.5%，年均增长10.1%；消费量9782万吨，比2005年增长58.3%，年均增长7.3%。另外，国家有关部门也务必要以求真务实的精神，以高度的责任感，抓住机遇，运用"科学发展观"的理念，总结经验，用"发展"的新思维，研究"发展"的新路子，从我国造纸工业今后发展的战略高度来认真研究和解决原料短缺这个造纸行业的大难题，为我国造纸工业的腾飞和国民经济的高速增长做出新贡献。

三、造纸行业林纸一体化发展战略探讨

2004年国家发展改革委发布《全国林纸一体化工程建设"十五"及2010年专项规划》，正式提出我国要大力发展林纸一体化工程建设和具体政策措施。林纸一体化就是打破过去林纸分离的传统管理模式，以市场需求为导向、以造纸企业为主体，通过资本纽带和经济利益将制浆造纸企业与营造造纸林基地有机结合起来，建设造纸企业和原料林基地相结合，形成以纸养林、以林促纸、林纸结合的产业化新格局，实现经济效益、生态效益、社会效益的统一，促进经济可持续发展。

（一）我国实施林纸一体化的原因

1. 林纸一体化实施的必要性

首先，实施林纸一体化是缓解原料瓶颈的必经之途。全球木材的需求增长与供应不足，决定了我国必须实施林纸一体化工程。20世纪人口、环境和资源的矛盾日益凸

显，全球林地(含原生林和人工林)面积不断缩小，全球木材的供应呈递减趋势，造纸用木材需求还面临着与建筑用木材等其他用途木材的竞争。而造纸用纤维的需求将维持现有的增长态势，主要是因为发展中国家，尤其是中国的纸与纸板消费量的不断增长。总之，木材的需求不断增长，而供给呈递减趋势，若不实施林纸一体化工程将无法满足木材需求。

其次，实施林纸一体化有助于我国造纸企业降低成本，提高利润率。目前我国造纸企业的原木浆以国外进口为主，价格上也受制于国际纸浆市场。为了控制成本，我国纸浆结构中木浆所占比重始终未有突破，从2000年的19%到2011年的23.7%，变化幅度较小。造纸行业为资本密集型工业，利润率只有6%~8%，企业间竞争依靠扩产达到规模优势来降低成本。而林业为资源型行业，长期净利润率在50%以上。目前，林业由于来自下游制浆业、建筑业和家具业的旺盛需求，加之木材成长周期性长造成的林业资源稀缺和木材价格的上涨态势，拥有林业资源的企业仍可获得超额利润。林纸一体化将产业链各环节结合在一起，从上下游一体化的角度，将我国造纸行业的竞争力由过去的依靠价格战和规模扩张来实现市场份额的扩大，提高到对原料林浆控制力的层次，使得企业的营利能力显著提升，是促进造纸行业可持续发展的必经之途。因此我国造纸企业只有实施林纸一体化才能降低成本，提高利润率，增加行业的竞争力，缓解原材料瓶颈，保障产业的安全。

第三，实施林纸一体化工程可有效解决我国造纸带来的环境污染问题。我国制浆造纸行业不合理的原料结构是造成严重污染的主要来源。2011年造纸工业废水排放量382.2亿吨，约占全国重点统计企业废水排放总量的17.0%。其中草浆生产线有碱回收装置的产量仅占草浆总产量的30.0%，草类制浆COD排放量占整个造纸工业排放量的60%以上，仍然是主要的污染源。要解决我国造纸带来的环境污染问题，必须增加优质长纤维的供给，提高木浆比重，淘汰落后草浆生产线，优化我国造纸原料结构。

2. 林纸一体化是顺应国际趋势

近年来，世界造纸工业技术发展迅速，由于受到资源、环境、效益等方面的约束，造纸企业立足在节能降耗、保护环境、提高产品质量、提高经济效益等方面，朝着高效率、高质量、高效益、低消耗、低排放的现代化大工业方向持续发展，呈现出企业规模化、技术集成化、产品多样化、功能化、生产清洁化、资源节约化、林纸一体化和产业全球化发展的突出特点。

“林纸一体化”在国际大型纸业生产基地已经发展成熟。世界上主要的木浆出口国家如加拿大、瑞典和芬兰，已经建立了“林纸一体化”的产业链，形成了稳定的循环经济模式，木浆产量稳定。芬兰和瑞典等国通过几十年大面积营造人工林，促进了生态环境的持续改善，也使得本国很大程度上在业界掌控了产业发展的上游资源，在改善生态环境的同时成为名副其实的纸业大国。

因此，为提高我国造纸业的行业竞争力，顺应国际造纸发展趋势，促进造纸业可持续发展，必须加快林纸一体化的进度。

(二)国内外林纸一体化发展模式分析

1. 造纸工业发达国家林纸一体化模式

造纸工业比较发达的国家，由于具有良好的政策环境和发展条件，大型制浆造纸企业和原料林基地以多种形式结合起来，形成一体化经营模式，使得林业和造纸业从互为消长转变为相互促进，依存发展。

造纸工业较发达国家实施林纸一体化的模式主要有以下几种：

(1)造纸企业营造人工速生林基地　随着造纸业的迅猛发展，森林资源日渐匮乏，通过发展人工林来保证原料供给已经成了美国、巴西等各造纸发达国家普遍采用的做法。巴西的大型制浆造纸企业，多数是在建设之前就着手营造工业原料林，或者先用天然林和传统人工林，然后立即用造纸专用林来替代，以达到林纸同步发展的目标。目前率先实现林纸一体化的制浆造纸企业生产所需的木材80%左右由自己的原料林基地供应，基本保证了原料供应的稳定性和连续性。印度尼西亚由于地处热带，树木生长迅速，政府也推行大规模建立工业用林计划以支持制浆造纸工业。人工速生林的发展为造纸业提供了充足的木材原料，促进了造纸工业的发展，同时保护了森林生态系统。

(2)私有林主形成联盟发展造纸业　有些私有林比重较大的国家或地区，私有林所有者组成了他们自己的森林工业联盟，为造纸工业提供稳定的原料来源。芬兰是一个木材资源十分丰富的国家，其中私有林占一半以上，国内私有林所有者组成了芬兰森林工业联盟，并与包括造纸企业在内的以木材为原料的企业签订协议，为他们提供木材原料，形成稳定的供求关系。瑞典的私有森林所有者也成立了自己的林产业协会，以推动除林木培植和采伐业以外的板材、纸浆、造纸、林产化学等工业的发展。

(3)林、纸及相关产业形成产业群体　“林纸产业群体”模式由芬兰首创，现已被各国普遍采用。由于林纸工业的快速发展，带动了与之相关的产业，从而形成了一个产业群体。该群体是木材、机械和专有技术的联合体，有造林、造纸、机械设备制造、能源供应、化学品生产、运输、印刷、咨询等公司以及相应的科研教育机构等组成，并以木材加工为基础，生产锯材、纸浆和纸产品等，以达到群体中的各相关工业同发展的目的。瑞典的制浆造纸企业经过多年的发展，也拥有自己的森林培育、制材、制浆、各类纸及纸板生产、化学品生产、运输和电力系统等产业，从而形成了一定的林纸产业群体。

(4)跨国林纸一体化　随着造纸企业规模的不断扩增以及本国原料来源和产品市场局限性的日益凸显，造纸大国的众多林纸企业纷纷在国外开辟市场，建设国外自有的原料林基地或林纸企业，使本国的林纸工业向规模化和国际化方向发展，既保证了本国企业和本国造纸业的发展，又保护了本国的森林资源、环境和生态。日本造纸行业开始纷纷在巴西、智利、澳大利亚等国大规模营造速生人工林，建立自己的林纸企业。

2. 我国林纸一体化模式

我国木材资源匮乏，造纸企业大都以麦草和废纸为主要原料，2011年我国纸浆消费总量9044万吨，其中木浆2144万吨，非木浆1240万吨，废纸浆5660万吨，分别占纸浆消费总量的23.7%、13.7%和62.6%。国际造纸工业纸浆消费总量中原生木浆比例平均为63%，而我国木浆消耗中国产木浆比例一直仅为7%左右。以木材、芦苇、竹、蔗渣等纤维为原料造纸的企业不足200家，不合理的原料结构影响了产品档次和竞争力，而且污染严重，环保成本高。受制于木材资源的匮乏，造纸产业不得不从解决造纸原料的出路问题出发，寻求发展以非木材原料为主的造纸工业道路。而国际造纸企业的发展方向则是采用可再生的速生林为主要原料。近30年来，我国造纸工业逐步朝着林纸一体化的方向发展。但由于我国特有的国情，林纸一体化进程比较艰难，发展模式还不够成熟，需要进一步改进和更新。

国内实施林纸一体化的模式主要有以下几种：

(1)行政干预前提下的林纸结合　自1987年以来，国务院逐年加大对林纸一体化工作的推进力度。在试点的基础上，连续出台了《关于加快造纸工业原料林基地建设若干意见的通知》、《关于认真组织实施林业重点工程，加快生态建设的意见》、《全国林纸一体化工程建设"十五"及2010年专项规划》等政策性文件。在上述政策的宏观指导下，部分地区采取了行政手段，将部分国有造纸企业资源和国有林场资源进行了资源整合，实行了林纸一体化。

(2)林业和纸业兼并重组与股份制改造　经过长时间的实践，我国逐步实行了林业和纸业的兼并重组与股份制改造，从而出现了由核心企业与合并方合作成立的林纸一体化企业，各方派人共同组成管理层，共同占有企业的所有权，并按出资额享受企业权益。

(3)营造自有人工林纸采林基地　我国是个森林资源匮乏的国家，天然林资源远远满足不了快速发展的造纸及其他相关行业的需要，人工营林就成了很多企业必然的选择。岳纸集团早在20世纪80年代就开始植树造林，在国内率先走出了一条"林纸一体化可持续发展造纸"的路子。

(4)与林农合作发展"定单林业"　建造自有速生林基地所需资金数额巨大，并不是所有造纸企业都能够承担的。因此，必须尝试着与林农集团或造林单位合作，签订合同保证原料来源，这也是我国可以借鉴的林纸一体化模式之一。

(5)引进外资发展林纸产业　与造纸发达国家的林纸业合作建造林纸集团，是我国发展林纸一体化的又一渠道。国外大型林纸企业看准了中国造纸业的发展潜力以及中国庞大的消费市场，都纷纷在中国抢占市场。例如，印度尼西亚的金光集团为了在中国缔造林纸产业链，在我国大面积建设原料林基地。芬兰的斯道拉恩索公司和芬欧汇川、日本的王子等公司也纷纷在中国"圈地"造林，发展林纸产业。

(三)国内外林纸一体化发展的启示

前面我们对国内外有关林纸一体化的发展模式作了一个简单的对比总结，结合我国的实际情况，我们从中得到以下几点启示以供参考：

1. 林纸一体化不能只是"一体而不化"

从各国纸业的发展历史来看，纸业与林业是产业链中息息相关、相辅相成的环节，只有将造林、营林和林产业加工紧密结合起来，才能形成森林资源和林产工业持续发展的局面。当然我们说的这种有效的林纸一体化模式不能是林与纸的表面"一体而不化，结而不合”的外在结合。对于造纸企业来讲要把林业的发展作为自己企业内部发展战略的一部分，做到林纸完全的和谐与融合。

2. 林纸一体化可以有多种实施模式

由于环境和资源条件等因素的制约，各发达国家甚至是一个国家的不同发展阶段采用了不同的林纸一体化实施模式。我国也可以根据自身的自然资源、融资环境以及企业竞争力等内外部条件，走一条适合自己的林纸一体化的发展道路。

对于单个公司来讲，资金雄厚或者融资能力较强的龙头公司可以建立自己的原料林基地从而实现原料的自给，有些公司也可以通过与农户签订收购合同的方式来锁定原材料成本。当然，后者对公司资金的要求比前者要低。实现林纸一体化的方式多种多样，具体公司可以结合自己的实际情况来实施不同的方案。

3. 林纸一体化建设离不开政府支持

企业和政府作为推动造纸业进程的主要力量，对林纸一体化建设起着关键性的作用。其中政府根据产业发展规划对遗留问题等出台有效的政策与措施，可以为林纸一体化创造良好的外部环境。

（四）在我国实施林纸一体化的现实性分析

我国林业资源短缺，全国森林面积为2.08亿公顷，仅占国土面积的21.63%，人均森林面积0.152公顷，仅为世界平均值的25%。据全世界73个国家的不完全统计，世界人均森林蓄积量为77.49立方米，我国11.07立方米的人均森林蓄积量与之相差甚远。我国是世界最大的原生纸浆和废纸进口国，2011年全国各类纸浆生产量7723万吨，同比增长5.53%；各类纸浆出口9.91万吨，同比增长22.35%。我国造纸工业未来的发展仍将很大程度依赖进口纤维原料。

在我国进行林纸一体化工程建设，首先要内外结合，利用国内外两种资源两个市场来造林，在全球范围内解决资源短缺的问题。中国国内适宜造林的地域有限，且林木的生长速度较慢，目前短周期阔叶材桉木、杨木等速生丰产林的轮伐期为6年，松木等针叶材的轮伐期为15年，远赶不上市场需求的增长速度。而且在中国推进林纸一体化工程的同时，国际纸业巨头纷纷以合资或直接投资等方式，加紧抢占我国广西、广东、海南等宜林地区，缔造自己在中国的产业链条，进军中国纸品消费市场。因此，只依靠中国的本土资源已不足以满足需求。

造纸产业发展政策明确提出支持国内有条件的企业到国外建设造纸林基地和制浆造纸项目。我国造纸企业可以选择国外的林业资源国家建立长期合作。如巴西、智利等南美林业大国，树木生长速度比中国快3~4倍，机械化操作带来较低的砍树成本。如果我国企业到那里造林，既可解决我国的原料短缺问题，也可给合作方带来经济和环保的利益。在经济全球化的今天，中国本土的资源已经无法满足日益增长的需求，中国造纸企业必须在国内造林的同时走出去造林，才能从根本上解决林的问题。

在我国实施林纸一体化工程建设，还要因地制宜，根据各地区情况确定建设项目，处理好造纸林基地与耕地的关系，防止占用耕地，保护基本农田。

造林需综合考虑气温、降水等自然因素和社会经济条件。现在许多造纸企业开始在土地资源丰富的西部发展林纸一体化项目，如我国的广西、广东、海南等省(自治区)都有条件开展大面积种植阔叶林，海南的可造林面积较大，但交通运输不够便利，广东大规模林地建设的成本比较高，而广西可供造林的荒山地较多。各地的自然条件和人口、劳力、耕地及工农业发展等社会经济发展要求都是进行项目规划的依据，需要加以综合考虑。

(五)我国林纸一体化的实施进展及对造纸企业的影响

1. 我国林纸一体化实施进展

我国林纸一体化的进程取得比较明显的进步，许多大型造纸企业正在积极完善自身的产业链，建设自己的林木基地和自制木浆生产线。

据国家林业部门消息，近年来可提供用于造纸的林木资源迅速增多，“十一五”期间，造纸林基地达到4500万亩，在考虑轮伐与成材的时间后，预计可生产400万吨的木浆。2010年基本进入轮伐期后，我国造纸林基地可稳定提供5600万立方米木材，竹材1350万吨，可配套木浆生产线1300万吨以上，竹浆400万吨，在很大程度上减轻了对国际市场木浆的依赖，将最终彻底解决我国造纸工业原材料的瓶颈问题。

根据初步统计，近几年拟建的项目总规模达到300万~400万吨。可以预计，林纸一体化工程建设在未来相当一段时期，还是会有一定的发展空间。我们一定要坚持科学、理性的规划建设，应认真考虑和充分利用国内、国际适合的环境，才能有效地、持续稳定地发展。

2. 林纸一体化给我国造纸企业带来的影响

短期看来，我国的林纸一体化发展虽已形成共识，但仍属于起步阶段。从2010年开始，由于欧债危机，国际经济严重下滑，对我国实体经济带来冲击，造纸行业也受到了较大影响。目前，我国造纸行业总体情况是供大于求，企业的经济效益不理想，因此企业对投资更加谨慎。另外，林纸一体化工程工期一般较长，短期内不可能为企业提供太多的自产木浆，在国家现已批准实施的林纸一体化工程项目中，较大的商品纸浆厂项目并不太多，造纸用原浆也不一定能完全得到满足。

目前社会环境对制浆造纸工业的认识还有许多工作要做，特别是林纸一体化工程的建设。因为林纸一体化工程建设的主要目标是企业积极营造速生造纸原料林进行纸浆的生产。虽然现代制浆技术和工艺已经完全可以满足我国严格的排污标准，但社会的认知度还有差距。表现在相关国家和地方政府机构及社会对利用废纸等原料建设造纸工程是支持的，但对建设林纸一体化工程的看法基本是负面的。

从短期来看，耗时耗力的植林期是林纸一体化最大的瓶颈，近期内无法提升多数企业业绩，同时工程投入资金需求大，短期内将降低企业的资产收益率。从长远来看，造纸原料结构的不合理及供应不足的现状已经严重制约了我国造纸工业的健康发展。推进林纸一体化工程建设、逐步缓解原材料瓶颈，将提升整个造纸行业的可持续发展能力，保障我国造纸产业的安全。林纸一体化正成为中国造纸企业发展的基本模式。

——董 梅　王飞飞　李 明 等

中国装饰纸产业发展战略解析

装饰纸是伴随着我国人造板工业和家具制造业快速发展而发展起来的一种饰面材料，通常压贴于人造板表面，具有装饰、保护、强化、封闭等功能，是提升人造板的装饰效果、表面性能、使用寿命和产品附加值的主要手段之一，是拓展人造板应用领域、强化人造板市场竞争力的重要支撑。在全社会环保意识逐步提升的背景下，装饰纸企业提出“古人以木造纸，今人以纸造木”的广告语体现装饰纸高度仿真高档木材的装饰效果，更体现充分满足消费需求的同时大量替代和节约天然珍贵木材的作用，装饰纸已成为保护天然林资源、低碳环保的重要保障。

目前装饰纸饰面人造板在我国人造板产量中占比已超过50%，装饰纸饰面人造板已在木家具、地板、木质门、衣柜、橱柜、木质展示柜、车船木质装饰、木质装饰装修材料等应用领域的市场份额均已超过半壁江山，业已成为国内外消费者喜闻乐见的装饰装修材料。随着技术创新、花色和产品设计、定制化服务、整体家居设计等要素的进一步推进，凭借其特有的优势，装饰纸用量和市场份额预计在今后20年内将持续保持稳步增长，不仅在装饰装修领域将会有更宽广的发展空间，在高附加值的功能材料应用领域也颇具前景。

我国从20世纪20年代生产胶合板后，利用带有花纹的薄木，生产薄木贴面装饰胶合板。1959年研制成三聚氰胺饰面板，为人造板提供了新型装饰材料。1975年后在北京、上海先后建立了木纹直接印刷、辊压薄纸(膜)贴面、装饰原纸、印刷装饰纸和浸渍胶膜纸等生产线。截至2014年，装饰纸相关企业约有1000家，装饰原纸产量约78.6万吨，印刷装饰纸约45.1万吨，浸渍胶膜纸约80亿平方米；总产值约385亿元，其中装饰原纸产值约95亿元，印刷装饰纸产值约90亿元，浸渍胶膜纸产值约200亿元。党的十八大报告指出，2020年实现国内生产总值和城乡居民人均收入比2010年翻一番；国民收入的提高必将进一步激发人们改善家居环境、提升生活品质的需求，作为丰富家居装饰的主要装饰材料，装饰纸产业发展前景十分广阔，是未来拥有无限潜力的朝阳产业。

一、中国装饰纸生产能力

(一)装饰原纸

1. 装饰原纸行业发展简述

装饰原纸是一种以优质木浆和钛白粉为主要原料经特殊工艺加工而成的工业特种用纸，经印刷、三聚氰胺树脂浸渍后，主要用于纤维板、刨花板等人造板的护面层纸、面层用纸和底层用纸。装饰原纸按照应用特性及用途可分为素色装饰原纸、可印刷装饰原纸、表层原纸、表层耐磨原纸、平衡原纸、封边带原纸。

在我国装饰原纸是一个特种纸行业，最早20世纪中期由山东造纸厂生产；1976年浙江临安玲珑造纸厂开始生产原纸，1978年开始印刷；上海勤丰造纸厂1989年开始生产原纸；北京装饰纸厂1982年开始生产印刷装饰纸。

初期阶段，我国市场主要被从西欧和美国进口的装饰原纸产品占据。自20世纪90年代以来，在我国房地产、建筑装修行业的快速拉动下，装饰原纸行业迅速崛起。20世纪末至21世纪初，在与国外公司的不断竞争以及自身持续的研发努力下，我国一批掌握装饰原纸核心生产技术、具备自主知识产权的民营企业，广泛借鉴国外同行在产品研发、经营管理和市场开发等方面的先进经验和做法，从装饰原纸生产、凹版印刷、浸渍加工，到高、低压人造板的热压贴面技术等整个装饰原纸及深加工产业都得到了超乎寻常的发展，装饰原纸产品的质量和技术水平迅速提升，生产成本大幅度降低，并逐步替代欧美产品，企业快速发展壮大，产品不仅迅速抢占了国内市场，并已开始出口欧洲和美国等发达国家和地区。

2. 装饰原纸行业现状分析

据调查统计，目前我国装饰原纸生产企业约30家左右，主要集中在山东、浙江等地，单线平均生产能力约1.15万吨，行业平均达产率约为70%。整个产业年产量超过5万吨的企业有4家，年产量超过2万吨的企业不超过10家，行业集中度较高。我国装饰原纸生产企业主要集中在山东、浙江、河北等省，市场占有率较大的企业是山东齐峰特种纸业股份有限公司、浙江夏王纸业有限公司、杭州华旺新材料有限公司、山东鲁南纸业股份有限公司、阳光王子(寿光)特种纸有限公司、德州泰鼎新材料科技有限公司等。

2010~2014年我国装饰原纸产量情况如图1所示。

据调查统计，2014年中国装饰原纸产品结构如图2所示。

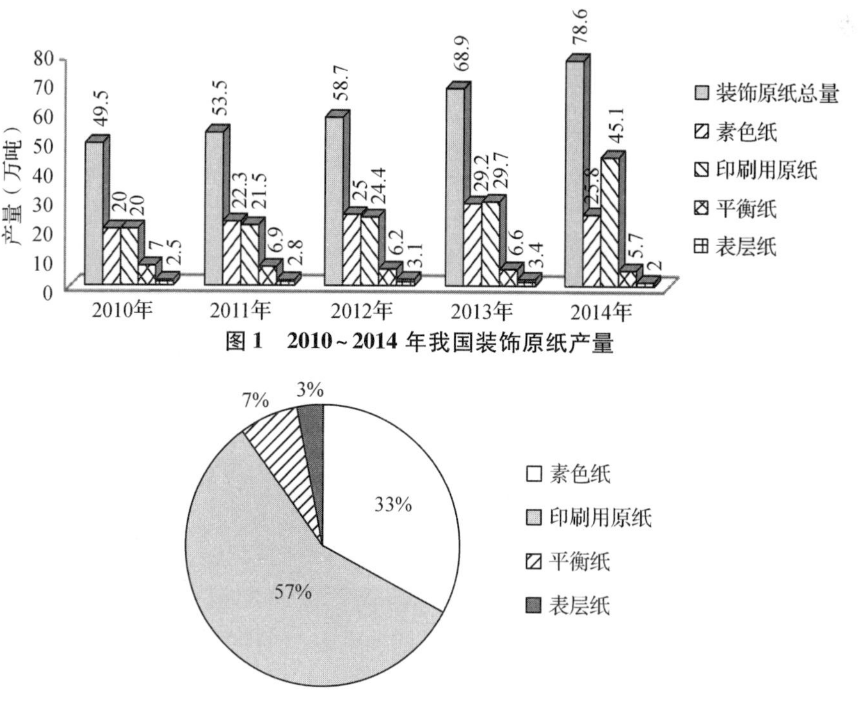

图1 2010~2014年我国装饰原纸产量

图2 中国装饰原纸产品结构图

（二）印刷装饰纸

1. 印刷装饰纸发展简述

自2003年开始，我国许多投资者投身到印刷装饰纸行业中，短短的几年时间，印刷装饰纸企业从几十家增加到上百家。初期，我国印刷装饰纸企业多生产低端产品，高端产品几乎全被欧洲的各大企业垄断。面对这种情况，行业内的众多精英人士不断探索，逐步填补了行业高端产品领域的空白，缩短了与国外产品的差距。经历了近8年的快速发展和不断努力，我国原纸和版辊质量都有了质的飞跃，原纸已完全适应高速印刷和高速浸渍，雕版技术有了很大的改进，从人工分色到电脑分色，从人工雕版到激光雕版，产品已接近国际先进水平。行业的发展也促使进口的印刷装饰纸不断降价，使得印刷装饰纸产品价格更加透明合理。目前，虽然我国的印刷装饰纸产品质量有了很大的飞跃，但是在产品的稳定性方面还存在一定缺陷，比如色差的控制等，需要进一步提升。

2. 印刷装饰纸现状分析

据调查统计，截至2014年，我国主要印刷装备企业有10家左右，共计销售印刷机800余台。印刷装饰纸生产企业约有250多家，生产线800条左右，单线平均生产能力约950吨/年，行业平均达产率约为65.4%，年产量超过3000吨的企业约10家，行业集中度偏低。

近年来，印刷用装饰纸需求量不断增加，很多装饰原纸生产企业大幅增加印刷用原纸比例，2014年我国印刷装饰纸产量超过45万吨，同比增长超50%。印刷装饰纸生产线主要集中在浙江、山东、江苏、广东、四川，以及京津地区。全国印刷装饰纸生产企业分布情况如图3所示。

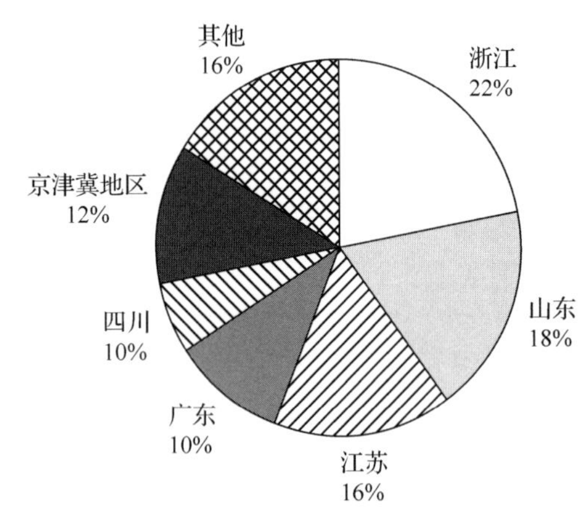

图3 全国印刷装饰纸生产企业分布

（三）浸渍胶膜纸

1. 浸渍胶膜纸发展简述

我国自1974年开始研制浸渍胶膜纸与浸渍胶膜纸贴面人造板生产技术，80年代初湖南人造板厂首家引进三聚氰胺浸渍胶膜纸与低压短周期三聚氰胺贴面板生产技术，该产品在国内很快获得市场的认同。发展至今，浸渍胶膜纸饰面人造板产品已经成为我国建筑、装饰装修等领域的重要原材料。浸渍胶膜纸是人造板企业首选的优质贴面材料。

2. 浸渍胶膜纸现状分析

据调查统计，目前我国浸渍胶膜纸生产企业约500家左右，全国浸渍胶膜纸生产线约1000条。全国浸渍胶膜纸生产基本分布于环渤海、长江三角洲、泛珠江三角洲三大区域，主要城市有广东、深圳、东莞、成都、上海、北京等地，统计见表1。单线平均生产能力约928万平方米/年，行业平均达产率约为77%，整个产业年产量超过5000

万平方米的企业约5家，主要分布在广东、成都、北京等地，行业集中度不高。

表1　全国浸渍胶膜纸生产线初步统计表

大区域名称	细分省市	生产线数量(条)	大区合计(条)
华东地区	山东	100	440
	常州、无锡、杭州、苏州	300	
	温州	10	
	福建	10	
	上海	20	
华南地区	广东	90	90
华北地区	北京、天津	40	140
	河北	100	
东北地区	辽宁	40	40
西北地区	新疆、陕西、甘肃	15	15
华中地区	河南、湖北、湖南	50	50
西南地区	成都	190	195
	云南、贵州	5	
合计		970	

2014年浸渍胶膜纸产量约80亿平方米左右，2010~2014年我国浸渍胶膜纸产量情况如图4所示。

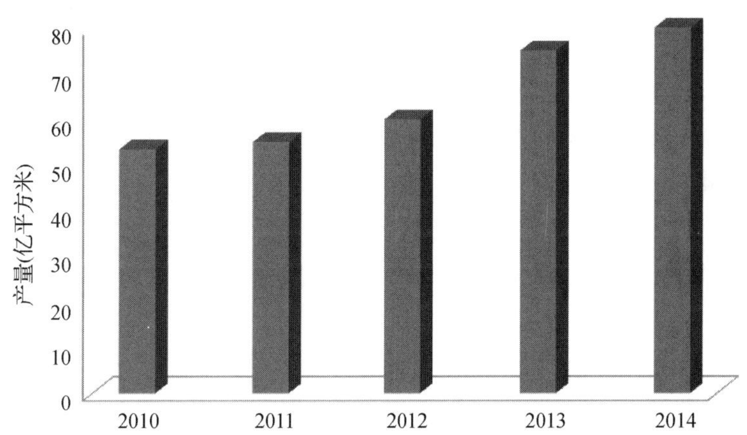

图4　2001~2014年我国浸渍胶膜纸产量

据调查统计，在浸渍胶膜纸产品应用领域中，家具用印刷装饰纸约占55%，浸渍纸层压木质地板用印刷装饰纸约占25%，橱柜、固定式衣柜、木门等领域用印刷装饰纸约占20%，浸渍胶膜纸产品应用结构如图5所示。

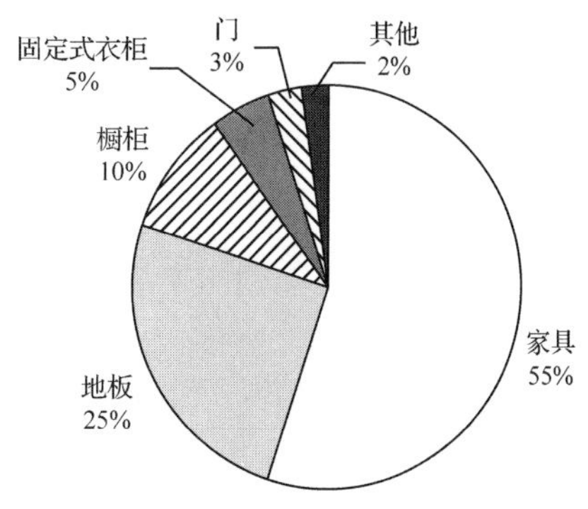

图5　中国浸渍胶膜纸产品应用

二、中国装饰纸消费和需求分析

经过几十年的发展，装饰纸产品种类已经多达万余种，纹理、花色各不相同，经装饰纸饰面后的人造板，不仅表面花色丰富，美观时尚，视觉效果好，而且耐磨、耐热、耐划痕、耐香烟灼烧、耐污染等多种性能都优于人造板表面性能，对人造板有明显的保护作用，人造板经装饰纸饰面后，可满足多种场所的多种用途和不同消费者的需求。20 世纪 90 年代中后期我国首次出现规模化的装饰纸生产企业。目前，中国装饰纸产量、消费量已居世界前列。

作为传统人造板产业的升级产品，浸渍胶膜纸饰面人造板彻底解决了传统人造板表面装饰性的不足，而且环保性能好，价格优势明显，和涂饰、薄木饰面等其他表面处理方式相比，装饰纸种类多、时尚美观、低碳环保、性价比高，综合性能优势明显，广泛应用于板式家具、厨房家具、强化木地板、木质门、交通工具装修等领域。

(一)我国装饰纸产业发展的社会经济背景

建筑装饰产业是装饰纸产业主要的下游产业。建筑装饰装修是装饰工艺技术与装饰材料完美结合的过程。建筑装饰装修产业的快速发展不仅带动建筑装饰装修工程企业的发展，同时为大批装饰材料生产企业提供了广阔的市场空间。

1. 经济发展及城市化进程促进了建筑装饰产业的快速发展

1990~2013 年，中国经济以年均 9.7% 的较高速度发展，城市化率由 1990 年的 26.40% 上升到 2013 年的 53.70%。中国城市化率水平情况如图 6 所示。这一时期，投入到基础设施建设方面的投资大幅度增长，尤其是包括住宅和各种商业、公共用房的房屋建设快速发展，对装饰装修产生了大量需求。

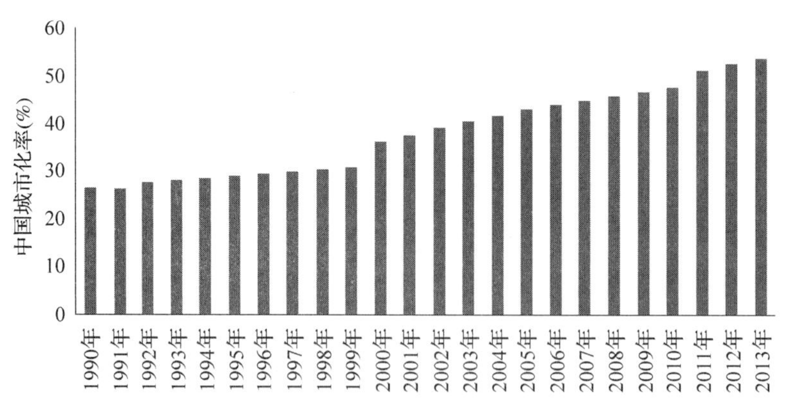

图 6　中国城市化率水平

（数据来源：国家统计局）

随着经济的高速发展，不仅我国城市、乡村居民居住条件迅速改善，而且商业、交通、教育、医疗、餐饮、会展等得到了快速发展，这些公共建筑工程的建设和使用，不仅增加了建筑装饰的市场需求规模，而且对装饰的质量、档次提出了更高的要求，推动了装饰行业整体水平向更高层次发展。2014 年，中国建筑装饰行业总产值达到 176713 亿元，2003~2012 年我国建筑装饰行业总产值及增速情况如图 7 所示。

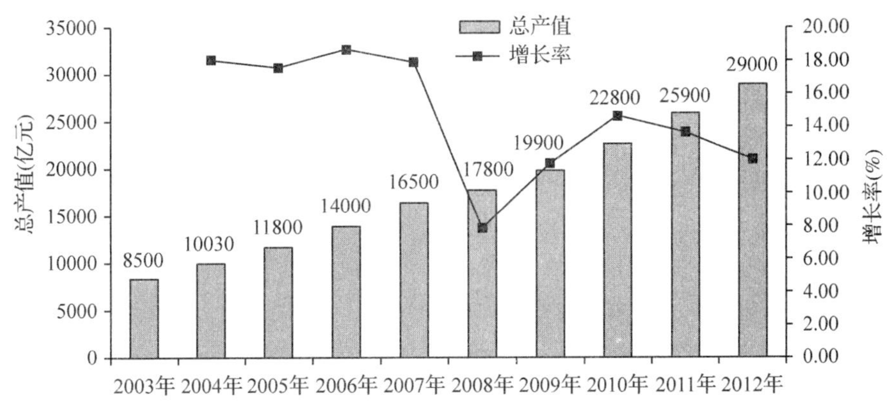

图 7　2003~2012 年我国建筑装饰行业产值及其增长情况

（数据来源：中国建筑装饰行业协会统计数据）

2. 今后 5 年建筑装饰产业仍将快速发展

未来中国城市化进程仍将快速发展，每年将提高近 1%，将有 1300 万左右的农业人口转化为城市人口，直接拉动建筑业需求 6 亿平方米以上。中国产业结构调整、工业化水平提高及新型工业的发展，需要更加先进的生产环境，也将带来巨大的工业建筑装饰装修需求。中国现有城市建筑面积 400 亿平方米，存量建筑的改造性装修需求十分巨大。中国各级政府及有关经济组织具有较强的投资能力，在提高城市功能水平、特别是交通、市政等城市基础设施及“惠民生”的医疗卫生、教育、文化、体育等公共福利设施方面的投资将会增加，也将为建筑装饰业提供大量的发展空间。国家的房地产调控政策虽然将继续进行，但房地产作为国民经济支柱产业的地位不会改变。住宅开发建设中成品房、小户型、经济型住宅的比重会不断提高，将带动社会刚性需求的增长；高档商品房供应量的增长速度虽会放缓，但购房群体的经济实力水平会有很大提高，势必会减少成品房的空置，对住宅装饰装修市场起到强有力的拉动作用。随着经济发展和人民生活水平的提高，高档次、个性化住宅装饰需求会日益增长，配套服务的标准也会不断提高，由住宅装饰装修到包括家具、地板、木门、橱柜、壁纸等在内的整体家居环境营造的需求将会更加明显。

按“十二五”规划，建筑装饰行业规划 2015 年产值目标为 3.8 万亿元，比 2010 年增长 1.7 万亿元，总增长率为 81%，年平均增长率为 12.3%。这为我国装饰纸产业的发展提供了巨大需求。

(二)我国装饰纸应用领域分析

1. 人造板

经过近几年的高速发展，中国人造板产量已经连续多年位居世界第一位。2013 年我国人造板产量达 27220 万立方米，同比增长 11%。2010~2013 年中国人造板产量及其增长情况见表 2。

表 2　2001～2013 年中国人造板产量　　万平方米

产量　产品 年份	总产量	胶合板	纤维板	刨花板	其他板种（细木工板）
2001	2111	904	970	342	——
2002	2430	1135	789	369	——
2003	4553	2102	1128	547	775（617）
2004	5446	2099	1560	643	1144.49（881）
2005	6393	2515	2061	576	1241
2006	7429	2729	2467	843	1390（1155）
2007	8839	3561	2729	829	1718（1322）
2008	9410	3541	2907	1142	1820（1304）
2009	11547	4451	3489	1431	2176（1480）
2010	15360	7139	4355	1264	2602
2011	20919	9869	5562	2559	2928
2012	22335	10981	5500	2349	3204
2013	27220	13725	6402	1885	3548

随着对森林和生态环境的重视，保护天然林资源，将减少木材的供应，森林问题的政治化以及原木生产国进出口政策的调整都将使人造板发挥更大的作用。提高人居环境质量，需要更多的人造板产品；发展低碳经济需要利用更多的木质资料，人造板在资源利用和增加木质材料供应方面将发挥更大的作用。通过装饰纸对人造板进行必要的装饰加工，拓展人造板的应用范围，可以有效利用木质资源，减少不必要的浪费。

2. 家具

近 10 年来，中国家具生产呈现了高速增长的势头，产量年均增长超过 20%，出口年均增长超过 30%。家具生产企业数量不断增加，企业规模不断扩大，从业人员不断增加，人员素质不断提高，职业设计人员、职业管理人员队伍日益壮大。2001～2013 年中国家具行业工业总产值如图 8 所示。根据家具方面相关协会不完全统计，2013 年全国家具行业规模以上企业 4716 家，实现主营业务收入 6462.75 亿元，同比增幅 14.3%。我国家具出口总额达 531.01 亿美元，同比增长 6.30%。板式家具产业的高速发展将为上游的人造板产业发展提供强大的发展动力，将会极大地促进装饰纸产业的发展。

板式家具是我国家具产业的重要组成部分，也是装饰纸在家具行业中的主要应用领域。板式家具以人造板和装饰纸为主要原料，可以高效利用木材资源，节约大量珍贵的硬木材料，有利于保护森林资源和环境。近年来，板式家具因其线条简练、色调多样、拆装方便和性价比高等优点广受消费者欢迎。中国板式家具的总产值占家具总产值的 60%，未来这一数据将保持持续增长趋势。

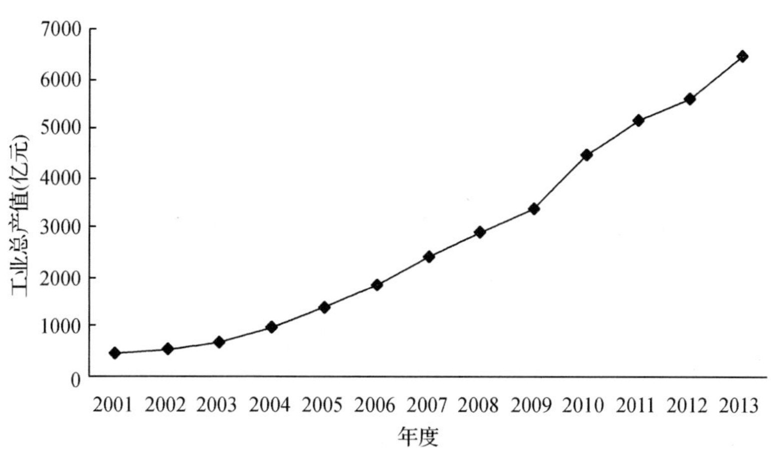

图 8　2001～2013 年中国家具行业工业总产值

3. 浸渍纸层压木质地板

20 世纪 90 年代起，我国地板开始进入工业化进程。进入新世纪以来，地板产业经历了持续多年高速增长的蓬勃发展期。2001～2014 年我国木地板产销量见表 3。至 2014 年，全国各类从事木地板及相关企业超过 5000 多家，直接从业人口 100 多万，已成为世界木地板生产大国和出口大国。在我国加工贸易兴盛的长三角地区、珠三角、东北，形成了以南浔、中山、常州、敦化、安吉等为集群的实木地板、实木复合地板、强化木地板、竹地板产业集群。地板业涌现出一批在装备能力、技术水平和产品等国际竞争力方面崭露头角的品牌企业，出现了一大批以地板作为主导产品的大型企业集团，地板主营业务产值超 10 亿元的企业十多家。

表 3　2001～2010 年我国木地板产销量　　万平方米

年度	强化木地板	实木地板	实木复合地板	竹地板	总产量
2000	6000	4500	1000	300	12000
2001	7500	6000	1200	330	15270
2002	9500	6500	1600	360	17960
2003	12000	7000	2200	400	21600
2004	15000	7000	3300	500	25800
2005	19000	5000	4600	600	29300
2006	20000	4500	6000	2500	33000
2007	22000	4400	7500	2000	36100
2008	19800	4200	7800	2400	34380
2009	21200	4200	8300	2500	36420
2010	23800	4300	8900	2530	39900
2011	23500	4260	9070	2510	39700
2012	21100	4170	8600	3500(含竹木复合)	37700
2013	22400	4250	9460	3500(含竹木复合)	40000
2014	21200	4030	9650	3535(含竹木复合)	38800

我国地板业产品质量、技术工艺已经达到世界先进水平。通过15年地板行业的快速发展，木地板行业伴随着市场经济的浪潮，实现了“从小到大”、“从弱到强”的发展历程。我国地板行业已经发生了翻天覆地的变化，中国已经成为全球最大的地板制造国以及消费国之一。

强化木地板最早出现于20世纪北欧的瑞典，在高压三聚氰胺贴面板的基础上，由台板、计算机房地板等逐步发展演变。1977年由奥地利生产刨花板的埃尔公司与瑞典生产高压装饰板的珀利公司合作开发而成，随后在欧美国家迅猛发展。中国强化木地板从2000年开始规模出口；2006年，中国强化地板产量达到2亿平方米，2010年达到2.38亿平方米。2001～2014年我国强化木地板销量情况如图9所示。

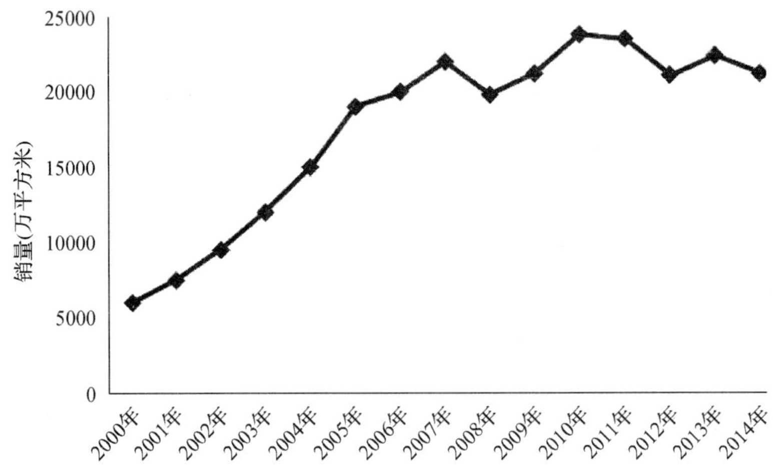

图9　2001～2014年我国强化木地板销量

目前，我国从事强化木地板生产的企业约有1000多家。从生产基地的分布看，强化木地板产区主要分布在江苏、广东、上海、浙江、四川等地，年生产能力在100万平方米以上的企业有数十家。强化木地板是装饰纸的又一大应用领域，用量约占装饰纸总量的25%，中国强化木地板的未来潜力巨大，前景广阔，必将拉动装饰纸产业的发展。

4. 其他应用领域分析

(1)木质门行业　20世纪90年代后，我国人造板行业快速发展，胶合板、纤维板、刨花板、集成材、细木工板、装饰板等被广泛地用于木质门的生产，木质门产品的整体结构设计和表面装饰工艺不断丰富，产品种类增加，表面处理形式多样，开发出实木复合门、木质复合门等产品。2000年后，我国木质门将处于快速发展阶段，木质门产品种类将进一步丰富，产品质量将进一步提升，整个产业向自动化、规模化、规范化发展。我国木质门行业发展十分迅速。我国木门行业产值从2004年的170亿元增长至2012年的940亿元，每年以新增100亿元左右的规模高速发展，是建材类增长速度最快的行业之一。图10为2003～2011年我国木门工业产值情况。

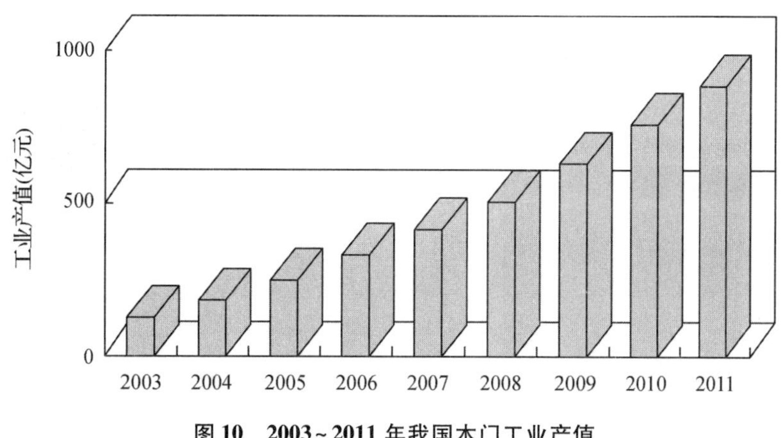

图 10　2003~2011 年我国木门工业产值

(2)橱柜行业　我国橱柜产业是在20世纪90年代随着人们居住条件的改善起步并逐步发展壮大起来的。在20世纪80年代末之前，中国没有橱柜的概念，厨房中只有一些简陋设施。到90年代初期，板式家具兴起，家具五金普遍应用，进口高压装饰板开始应用于厨房家具，出现了简单的整体台面和橱柜组合。人造石出现后，其任意造型和无缝拼接的特性使橱柜的设计发挥到极致，加上厨房电气化，整体橱柜进入了普通百姓的生活。

2014年1~5月，我国橱柜行业规模企业销售收入达到了284.50亿元，同比增长了29.4%。2013年，该行业规模企业销售收入达到了752.56亿元，同比上年增加26.1%。近年来，增幅最快的年份是2012年。2011~2014年5月我国橱柜行业销售收入统计见表4。

表 4　2011~2014 年 5 月年我国橱柜行业销售收入

时间	销售收入(亿元)	同比增长(%)
2011年	516.52	46.1
2012年	596.90	15.6
2013年	752.56	26.1
2014年1~5月	284.50	29.4

数据来源：国家统计局

(3)交通运输工具装修　随着中国交通领域的迅猛发展，浸渍胶膜纸饰面人造板、高压装饰板等产品在这一领域的应用增长十分迅速，主要应用在火车车体隔断、餐厅桌面、船只内部装潢以及交通工具的家具制造。这些应用环境对产品的抗拉强度、耐开裂性能、滞燃性能、甲醛释放限量的要求较为严格。我国船舶制造业因成本限制较少采用高压装饰板，我国船舶用装饰板大多出口韩国、欧美国家。

2009~2014年中国铁路固定资产投资总额如图11所示，由此可见我国铁路行业近年来的迅猛发展。我国运输机场数量将有更大幅度的提高。铁路、空港、船舶等领域持续、稳定的发展将拉动对装饰纸产品的需求。

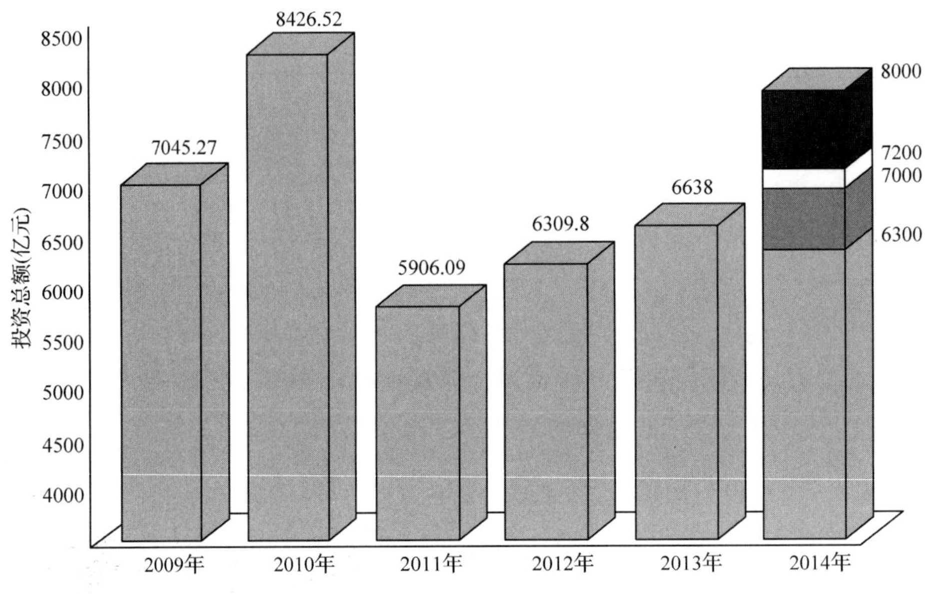

图 11 2009~2014 年中国铁路固定资产投资总额

(4)学校和医院、餐馆等装修 目前在国内院校、科研院所、各级医院、餐馆等特定环境的装修中大量使用浸渍胶膜纸饰面人造板产品、高压装饰板产品，主要应用在实验室台面、医院墙板、消毒室，需要高耐酸碱腐蚀、耐燃、耐污染性能的表面，易于清洁、具有较高耐水性的台面、隔断、挂墙板、门等，具有良好防潮阻燃性能的餐馆桌椅等领域。

(三)主要消费地区分析

装饰纸主要的销售地区以华东、华南、西南为主，其中江苏、浙江、广东、四川等地需求量较大。

1. 华东地区

浙江地区装饰纸主要供给华东地区的强化木地板和板式家具企业，以浙江临安为中心，辐射浙江、江苏、安徽等省。浙江家具总产值和出口居广东省之后，居全国第二位。生产企业达 3000 多家，2014 年当地全行业 4500 家企业全年将完成工业总产值 1600 亿元，家具出口 100 亿美元，实现利税近 90 亿元人民币。浙江南浔是我国木地板之都，强化木地板产量不断加大，大量消费装饰纸产品。

江苏地区主要供给江苏省的强化木地板企业和板式家具企业，以常州为中心，辐射丹阳、徐州等市场，同时产品亦销往上海、山东、河南等省。江苏常州是我国最大的强化木地板生产基地，被中国林产工业协会授予“强化地板之都”称号。同时，丹阳是我国最大的人造板生产企业大亚集团的总部，该地区有强化地板企业数十家，知名品牌如圣象、肯帝亚、宏耐等都是装饰纸产品的主要用户。

华东地区(浙江、山东、上海、江苏、安徽、福建、江西)是中国纤维板、刨花板生产第一大生产区。据统计，截至 2011 年底，全国已有 695 条纤维板生产线，生产能力达 3891 万立方米，2012 年年初在建纤维板生产线 56 条，生产能力达 629 万立方米，合计年生产能力将达到4520万立方米，其中华东地区拥有纤维板生产线290条，占全国生产能力42.4%。

2. 华南地区

广东装饰纸产品主要供给广东、福建等省，主要销售给家具企业。广东是中国家具生产第一大省，拥有家具生产企业约6000多家，从业人员100万。广东家具以出口为主，出口企业达3000多家。据广东省家具协会初步估计，2014年广东省家具销售总值预计3630亿元，比上年同期的3390亿元增加7.1%，约占全国的30%。全年出口196.49亿美元，比去年同期增长12.6%，占全国家具出口额33.8%。

华南地区（广东、广西、海南）是中国第二大纤维板生产区。该地区拥有纤维板生产线108条，生产能力达到602万立方米/年，约占全国生产能力的20.0%。

3. 西南地区

四川省装饰纸产品主要供给四川的板式家具企业，部分高档产品同时外销其他省市，如建丰等企业的耐磨装饰纸供给浙江和江苏高档需求客户。西南地区（四川、重庆、云南、贵州、西藏）拥有纤维板生产线57条，生产能力达到242万立方米/年，约占全国生产能力的8%。

（四）我国装饰纸产业需求分析

我国城镇化进程的加快、商业建筑等的快速发展等因素将继续推动强化家具、橱柜、地板、木门等快速发展，从而拉动装饰纸行业迅猛发展。2011~2015年装饰纸产业市场需求预计年增长15%~25%。

1. 家具产业需求分析

低碳经济给板式家具带来了机遇，因为在各种材料的家具中，板式家具最具低碳经济发展潜力，市场潜力巨大。

（1）板式家具市场份额将进一步增加　板式家具深受年轻白领和家具企业的青睐。线条简练、色调多样、性价比高；拆装方便，能够在生产线上批量生产也是板式家具受消费者青睐的重要原因。板式家具符合当前资源节约型社会的需求，节约大量珍贵的硬木材料，有利于保护森林资源和生态环境。有数据显示，预计到2015年，全球环保产业的规模可达2.4万亿美元。在中国，环保领域的巨大发展前景也吸引来众多追随者，越来越多的企业在市场中寻找与环保有关的商机，生产环保性高的板式家具则是家具业的一个投资亮点。在未来几年，这类家具所占的比例会越来越大。

（2）家具消费观念正在发生改变　随着对居住环境要求的提高，人们在家具消费观念上，将会有全新的转变，从追求家具的功能性，逐步转向追求个性与时尚。家装建材的更新周期也正在逐步缩短，人们对家具求新、求变的理念是未来消费的主流，因而家具的更新速度亦会逐步加快，更新周期将由目前的15~20年缩短为4~8年。同时，绿色设计将受到重视，家具设计的出发点除了美观、时尚外，还要尽可能地减少不可再生材料的使用与消耗。板式家具的生产符合这一设计理念。板式家具作为装饰纸的重点应用领域，将为装饰纸行业发展提供重大需求。

2. 强化木地板产业需求分析

中国强化木地板有较大的潜在市场。中国的国内生产总值(GDP)年增长率仍将维持在7%左右，年新增人口1300万人，富裕高消费人群增加，中国处于城镇化水平提高最快的时期，房地产业已成为三大支柱产业之一。木材产品具有天然、绿色、环保、可再生及可循环的特点，完全顺应了这种消费趋势的变化。住房面积的扩大、装修标准的提高，必然会对木地板消费提出巨大需求，从而促进装饰纸行业发展。从以下方面可见我国住房面积变化。

(1)城镇房　“十二五”时期，国家将进一步加大保障性住房建设力度，争取到“十二五”末，基本解决城镇低收入家庭的住房困难，改善部分中等偏下收入家庭的住房条件。2011~2015年间，我国计划新建保障性住房3600万套，其中2011年建设1000万套。根据测算，“十二五”期间我国平均每年城镇新建住宅竣工面积将超过9亿平方米。

(2)农村房　“十一五”期间，我国农村房建筑面积平均每年6亿平方米。“十二五”期间每年还要再改造农村危房150万户以上，每年建设面积将在7亿平方米以上。

(3)商业用房　商业用房是指各类商场、宾馆、饭店、写字楼等从事商业和为居民生活服务所用的房屋。“十一五”期间，我国每年建设商业用房面积7亿平方米以上；随着国家对个人购房的限制，商业用房将得到更快的发展。据估计，“十二五”期间，我国每年建设商业用房面积将在8亿平方米以上。

(4)二次装修　所谓二次装修，是指已经装修并入住的房屋经过几年的居住使用后，需要对房屋的局部或全部装修进行改造而产生的家装需求。家庭二次装修的需求将会越来越多，市场潜力巨大。“十一五”期间，全国主要城市二手房成交套数增长显著。目前全国超过50万人口的城市有180多个，按每个城市二手房成交5万套计算，全国每年二手房成交800万套，每套按75平方米计算，超过6亿平方米。据推测，2011~2015年，我国平均每年建设房屋面积24亿平方米左右，现有城乡住宅420亿平方米，每年二次装修房屋面积大约6亿平方米，合计30亿平方米。按可进行地面装饰的面积占80%，木地板市场占有率25%计算，这将为木地板提供超过6亿平方米的市场需求，其中强化木地板大约占60%，约3.6亿平方米。

3. 其他行业需求

(1)木门、橱柜产业　2011~2015年，我国建筑面积按照30亿平方米来估算，按建筑面积100平方米平均需要6扇门计算，每扇门800元计算，大约需要价值1440亿元的木门产品；按建筑面积100平方米平均需要2.5延长米橱柜计算，每延长米800元计算，大约需要价值600亿元的橱柜产品。总体估计，2015年我国木门、橱柜市场大约2000亿人民币，这也说明木门、橱柜市场对于装饰纸产品存在巨大的需求空间。

(2)高压装饰板　近几年来建筑装饰装修行业的快速发展为高压装饰板产业带来了强劲需求，高压装饰板产业得到了迅猛发展。据估计2015年高压装饰板的产量将超过7亿平方米，对装饰纸产生较大需求。同时由于我国在原材料、劳动力成本、市场容量等方面的优势，国际装饰纸生产厂商纷纷在中国设立生产基地，这给中国装饰纸产业带来先进的技术、管理经验，提升了装饰纸的产品质量，使我国的装饰纸在世界市场具有较强的竞争力。国内国际市场的巨大需求，必将拉动我国装饰纸产业的高速发展。

三、中国装饰纸行业发展展望

（一）装饰纸行业发展须注意的问题

中国装饰纸行业中除了少数企业建立了现代企业管理制度，经营、管理、营销体系比较健全，大多数企业从事装饰纸的开发、生产、销售时间较短，规模较小，在管理、技术、研发、产品质量控制等方面还存在一些问题，需要今后进一步改进。

（1）企业间信息、技术交流较少　总体上看，装饰纸行业产值不高，行业较小，在木材加工行业和造纸行业中受到的关注度不够，企业与企业间、企业和高等院校、科研院所之间、企业与国家主管部委、行业协会之间信息交流、技术交流等较少，不利于行业的快速、健康发展。

（2）创新研发能力弱　在技术研发方面的投入不足，新产品开发能力不强，自主研发、自主创新能力较弱。装饰纸产业进入中国市场的时间较短，我国的装饰纸企业生产从引进和模仿开始生产，但在竞争激烈的市场中，企业必须摆脱单一模仿为主的发展模式，坚持走自主创新发展道路，在生产模式、企业管理、营销方式、要素配置等方方面面都要加强自主创新。现在，部分企业的心思不是用在自主创新上，而是密切关注市场，快速仿制。市场上今天开发的一个新品种，明天、后天市场上就有了类似的产品。虽然仿制者尽力模仿，外观上差异不大，但由于生产设备、原辅材料的差异，仿制产品整体上无法达到被仿者的品质水准，两者的成本却大不相同。大量仿制产品凭借价格优势流向市场，由于品质缺陷对终端消费者造成了负面影响，久而久之，会对装饰纸行业的整体发展造成很大的影响。

（3）产品质量需要进一步加强　装饰纸作为木制品生产的中间材料，近年来发展速度较快，市场竞争也比较激烈，部分企业为了抢占市场份额、降低成本，忽视了对产品质量控制，造成市场上的产品品质参差不齐，不但影响了下游产品的最终质量，同时也影响了装饰纸行业的健康发展。随着装饰纸相关标准的陆续颁布，下游产品对装饰纸质量要求也越来越高。因此，企业必须从原材料采购、生产过程和产品质量进行严格控制，保证产品质量稳步提升。

（4）中低端产品竞争激烈　目前，总整体上看，房产、教育、医疗仍是我国居民消费的主要方面，其他方面的消费能力仍然较低，反应在装饰纸上面，就是中低端企业数量巨大，中低端产品需求总量较大。但是随着我国经济的快速发展和居民消费观念的转变，居民购买力水平的逐年提高，消费结构的进一步升级，装饰纸需求的档次结构将发生变化——低端需求逐步减少，中高端需求进一步扩大。因此，低端产品生产商之间的竞争将逐渐恶化，营利水平逐步下滑；而中高档产品生产商凭借设计、品牌、质量、规模等优势能保持营利水平基本稳定，市场份额逐渐扩大。这也有利于行业的进一步优胜劣汰，各种资源向规模化企业靠拢，装饰纸生产装备陆续升级更新，能源和材料消耗不断降低，产业逐步走上健康发展的轨道。

（二）装饰纸行业发展前景广阔

行业平均毛利率约在18%左右，部分中高端产品毛利率达到了25%。据分析，预计今后五年装饰纸行业的生产和销售将保持15%~25%的增长速度。

（1）建筑装饰业的发展将带动装饰纸行业快速发展　今后5年甚至更长的一段时间，国人仍将改善住房质量，提升家居环境，对装饰纸的消费仍将快速发展。

（2）人造板、家具等上下游产业的发展将保证装饰纸产业的增长态势　据行业资料显示，一方面我国人造板、家具、地板以及橱柜、木门等行业仍将保持一定的增长速度；另一方面，人造板、家具等产品结构的变化也将促进装饰纸产业的发展。首先，人造板产品中，胶合板、细木工板比例将降低，纤维板、刨花板产品比例将会上升，这将需要更多的装饰纸；其次，家具产品中，实木家具、钢家具等比例将下降，板式家具比例将上升；地板产品中，强化木地板比例仍将上升；木门产品中，模压门、复合木质门等产品比例将上升，这些都将增加装饰纸的需求量。

（3）装饰纸在人造板表面装饰中的使用比例逐渐提高　据统计和预测，2000年薄木贴面在人造板表面装饰中所占比例为27%，2014年其比例将降为10%；而低压三聚氰胺浸渍胶膜纸贴面占人造板表面装饰的比例由2000年的36%上升2014年的60%左右；而其它高压装饰纸贴面、涂料、油漆纸、塑料贴面等变化不大。

（三）装饰纸行业的发展建议

装饰纸行业正处于以增强核心竞争力为基础的战略转型期，行业面临着前所未有的发展机遇，同时也面临着严峻的挑战，发展、合作是时代的潮流，科技进步日新月异，装饰纸行业要实现健康、有序、可持续发展，需要做到：

（1）促进良性竞争，维护市场环境　加强行业自律，实现良性发展，减少恶性竞争，保持企业的健康发展和合理利润。企业要依靠科技进步、提升产品质量、扩大产品用途和树立品牌意识等途径占领市场，避免跟风模仿和价格战。

（2）加强信息、市场、技术方面的沟通与交流　交流和合作是提升双方竞争力的有效途径，装饰纸企业要加强同行间和上下游企业间信息、市场、技术方面的沟通与交流，积极参加协会以及科研单位、高校等组织的活动，加强上下游产业的延伸与企业间合作。

（3）加强质量控制，提升产品质量　只有稳定的产品质量才能赢得用户的青睐，产品质量不仅取决于原材料、模具、生产工艺参数、生产设备等技术问题，还与管理理念、质量管理规程、操作人员素质等管理问题密切相关。企业要按照相关标准要求，从技术问题入手，通过科学的管理提升产品质量，为下游企业提供稳定质量的产品。

（4）树立品牌战略，提升产品附加值　品牌价值是建立在有形产品和无形服务的基础上的，有形是指产品的性能、设计、包装等，无形服务是指销售中或售后提供给顾客的满意程度。随着消费市场从卖方市场开始转向买方市场，市场竞争格局开始发生显著变化，企业将开始意识到品牌的重要性，品牌的竞争将对企业的发展起到关键作用，企业将加大在品牌营销方面的投入。装饰纸企业必须重视品牌发展，提升综合竞争力，只有这样才能在世界装饰纸竞争中掌握主动权，增强综合竞争力。

(5)树立创新战略，增强综合竞争力　加大研发投入，创造有自主知识产权的产品、工艺和技术，变“中国制造”为“中国创造”。生产模式要创新，要更多地利用新的平台和技术实现绿色生产，促进生产过程的现代化。营销模式要创新，除了传统的营销模式外，还要利用互联网发展网上采购、销售、结算、交易。要素配置要创新，要注重人力资源的配置，除了技术工人外，还要善于发现和运用管理人员、研发人员和高素质的人力资源。自主创新是装饰纸产业的出路，只有加强技术、管理、营销、产品创新，才能提高综合竞争力，保证健康、良性发展。

(6)建立长期发展战略规划，实现可持续发展　由于受到资金、设备等资源限制，大部分企业投资少、规模小，主要生产中低端产品。同时企业自身缺乏长远发展战略规划，对管理人员的培养重视不够，导致人员流动性较大，管理水平亟待提高。企业应当制定中长期科学发展规划，重视科研投入，强调以人为本，提高管理综合能力，增强市场竞争能力；鼓励企业加强上下游产业的延伸与企业间信息、市场、技术方面的沟通与交流，促进整个产业链健康、有序地发展；鼓励企业创新交易模式，除传统销售模式外，还可以利用互联网发展电子商务，扩大营销网络范围，提高企业在国内乃至世界范围内的影响力，进一步提高工作效率及经营效益。装饰纸行业只有在形成雄厚的产业基础、完善的产业链条、严格的质量标准、专业的员工队伍、优秀的管理团队、强大的研发力量后才能推动中国装饰纸行业持续、稳定、健康发展。

——唐召群　黄安民　王　瑞

《森林认证规则》解读

2015年6月18日，国家认证认可监督管理委员会联合国家林业局共同发布了《森林认证规则》(2015年第【14】号，以下简称新规则)，并自发布之日执行，国家认监委2009年第【5】号公告《关于发布<中国森林认证实施规则>的公告》(以下简称旧规则)同时废止。2008年国家认监委、国家林业局联合发布《关于开展森林认证工作的意见》，启动了我国森林认证工作，正式的《森林认证规则》历时七年方才发布，可谓千呼万唤始出来。

新的《森林认证规则》对规范国内森林认证市场，营造公平、公开、规范的市场秩序应有积极的推动作用，同时我们也注意到了新规则与之旧规则有较大的不同，已经引起了众多利益相关方的高度关注和广泛讨论。中林天合(北京)森林认证中心有限公司作为国内首家森林认证机构，及时组织学习，力图准确理解《规则》，以循规作业指导认证实践。试图通过对新规则进行初步解读，抛砖引玉，与相关利益方讨论并供获证组织参考。

公告解读

2015年第【14】号公告一共有四条，为我们理解新规则提供了重要的参考，详述如下：

一、“森林认证机构应按照本规则的要求，修订有关管理及技术文件，按照认证依据开展森林认证审核活动。现有的获证组织应结合监督审核等方式按照本规则实施转换审核等工作。”

解读：所有在我国开展森林认证业务的认证机构(包括境外森林认证机构)，都必须以本规则明确的森林认证范围和依据开展森林认证审核活动，即新规则公布的中国国家标准、林业行业标准作为认证审核范围和依据，以往按其它认证标准(FSC或PEFC)审核的获证组织应结合监督审核等方式按照本规则实施转换审核等工作。

二、国家认监委2014年第38号公告《关于发布自愿性认证业务分类目录及主要审批条件的公告》中的“森林认证PEFC”和“森林认证FSC”调整至“森林认证”领域，与“中国森林认证CFCC”实施统一管理。

解读：以往在中国依据FSC、PEFC及其它森林认证体系开展森林认证的认证机构，必须与“中国森林认证CFCC”实施统一管理。在此规则发布之前，国家认监委对FSC和PEFC认证的归属管理属于“其他认证”领域，并未纳入森林认证领域。新规则发布以后，中国政府发布了独立的森林认证规则，监管机构为了统一监管和公众利益，把所有在华的森林认证体系都归口于“森林认证领域”，遵守本规则的内容，并接受中国监管机构的监管。

三、现从事“森林认证 PEFC”和“森林认证 FSC”的认证机构，按照本规则规定的条件和要求，于2015年底前取得森林认证领域的批准资质，逾期未取得的须停止开展相关认证工作。同时，遵照自愿原则对获证组织做出合理安排。

解读：公告明确指出，从事 PEFC 与 FSC 的认证机构，必须在2015年12月31日前取得国家认监委对森林认证领域的认证资质，也即取得中国监管机构的认可，否则要停止在中国的森林认证业务。在此之前，开展 FSC 或 PEFC 的境外认证机构只是在国家认监委进行过业务备案，现公告明确要对其森林认证业务领域的资质和业务能力进行正式的认可。其次，对于在2015年年底前未获得中国认监委认可的从事森林认证业务(包括 CFCC、PEFC、FSC)的认证机构，其已认证的获证组织，在此之后可根据客户自愿原则选择获得中国政府认可的认证机构进行换证或重新认证。

结构的变化

新旧规则的一级目录和二级目录数量变化不大(旧规则24条，新规则23条)，但是结构调整较大。新规则前有四条非常重要的公告，并增加了认证范围、认证机构条件、审核员条件、认证证书转换、认证机构认可和人员注册要求、附则等六个部分。

新规则与旧规则相比，取消了认证收费，认证标志样式，证书的保持、暂停、撤销、注销等三个部分(表1)。

表1 新旧“森林认证规则”结构对比

序号	中国森林认证实施规则(试行)2009	森林认证规则2015
1	1 适用范围	1 目的
2	2 认证依据	2 范围
3	3 认证过程	2.1 适用范围
4	3.1 认证申请	2.2 认证范围
5	3.2 审查受理	3 认证依据
6	3.3 审核	4 认证机构条件
7	3.4 征求相关利益者意见	5 审核员条件
8	3.5 同行专家评审	5.1 审核员资格要求
9	3.6 认证决定	5.2 审核员继续教育
10	3.7 获证后的监督	6 认证程序和要求
11	3.8 再认证	6.1 申请
12	4 认证的保持、暂停、撤销、注销、恢复和变更	6.2 受理
13	4.1 认证的保持	6.3 审核准备
14	4.2 认证的暂停	6.4 审核实施
15	4.3 认证的撤销	6.5 同行专家评议

（续）

序号	中国森林认证实施规则（试行）2009	森林认证规则 2015
16	4.4 认证的注销	6.6 认证决定
17	4.5 认证的恢复	6.7 监督审核
18	4.6 认证的变更	6.8 再认证
19	4.7 认证的暂停、撤销与注销程序	7 认证证书
20	5 认证证书和认证标志	8 信息报告
21	6 认证后的信息通报	9 认证证书转换
22	7 认证收费	10 认证机构认可和人员注册要求
23	附件 1 森林认证标志样式	11 附则
24	附件 2 森林认证信息统计表	

下面我们对新旧“森林认证规则”进行详细解读

新旧规则详细解读

1. 适用范围

新旧规则在适用范围上有明显变化。

适应对象的变化。旧的规则没有明确在中国境内的认证机构应该遵守本规则，新规则明确提出了在我国境内开展森林认证的认证机构（包括本土机构和跨国机构）都应该遵守本规则。

新的规则大幅度拓展了认证范围。2009 年发布的试行规则仅规定了森林认证的两大传统领域“森林经营认证（FM）”和“产销监管链认证（CoC）”。中国森林认证体系经过多年发展，结合中国独特的林业发展状况拓展了森林认证的领域，包括非木质林产品认证、森林环境服务认证（自然保护区和森林公园）、竹林认证，生产经营性珍稀濒危野生动物饲养管理等多个领域。这些所有的森林认证活动均应遵守本规则，且认证范围可以根据我国林业发展需要而增减。

2. 认证依据

新的认证规则明确列出了目前中国森林认证规则相关的国家标准或行业标准（“附录：森林认证业务范围和认证依据”）。同时应注意，如果中国发布森林认证领域新的国家/行业标准，也将可能增加作为森林认证所应遵循的依据。新规则也非常明确地提出了申请非木质林产品、竹林经营、自然保护区森林生态环境服务、森林公园森林生态环境服务等四类认证须在满足《中国森林认证森林经营》认证基础上开展。

3. 认证机构条件

新版规则明确给出了认证机构应该满足的条件，除了满足《中华人民共和国认证认可条例》规定的必要条件外，还需要具备从事林业行业工作所必要的知识储备。了解林业法律法规、相关标准，同时建立符合相关机构要求的管理制度。同时还对机构的森林认证审核员提出了明确的专业学历及从业经历特定要求。

4. 审核员条件

审核员的申报条件和要求在新版规则“5 审核员条件”中有详细说明。值得注意的是，新规则对审核员的学历/工作经历提出了明确要求，取得森林认证审核员的相关专业必须是林业相关专业，相关专业可包括的范围在“5. 1. 2 注”中列示。

对于审核员的继续教育在旧版规则中未明确提出，也没有给出具体要求。新版的规则明确提出了审核员每年必须接受相关机构开展的持续教育培训，并在网站上公布，这里的相关机构是指国家认监委授权的中国认证认可协会。为了保持森林认证领域审核员的能力能够得以持续满足审核需要所规定的继续教育措施，认证机构也应建立相应的审核员持续教育机制，审核员持续教育应该遵循中国认证认可协会关于审核员持续教育的相关要求。

5. 认证程序和要求

新旧两版规则在认证程序上没有明显变化，即：申请→受理→审核准备→审核实施（预审，主审，现场审核）→同行专家评议→认证决定→监督审核→再认证

新版与旧版相比，缺少两项重要的内容：获证后监督，认证的保持、暂停、撤销、注销、恢复与变更。该部分内容在《LY/T 1878-2014 中国森林认证森林经营认证审核导则》中有部分体现，机构可以参考该导则实施具体认证审核活动。

（1）申请

新旧规则对比，最直观的感受是新版规则简化了申请要求。新版只要求提供“申请表和法人证书资格复印件”即可。旧规则要求提供：

森林经营认证（FM）须提供如下材料：

1）森林经营单位概况；

2）森林经营单位相关法律文件，如林权证等；

3）森林经营方案概要。

产销监管链认证（CoC）须提供如下材料：

1）企业概况；

2）企业营业执照等相关法律文件；

3）管理体系文件。

新版规则除了这两项必要的申请材料外，还备注了一条：“提供认证机构要求的其他材料”。一般从认证机构操作的角度上来说，申请人提供的申请材料越详细越有利于认证机构进行资料审核和信息确认。至于具体什么材料，各认证机构可根据自己的情况另行制定。

（2）受理

新版增加了对认证机构受理的程序性要求：“认证机构应建立程序，对申请文件和资料进行评审并保存评审记录”。认证机构需要对每一个申请人的资料进行正式的资料和文件评审并建立记录，这也体现了森林认证业务规范操作的要求。旧版只需要认证机构判断是否接受申请并签订合同，无明确的程序性要求。

在时间要求上，新规则对申请人评审的回复周期延长至 20 个工作日，旧规则要求是在 15 个工作日内完成形式审查。

（3）审核准备

新版规则放宽了审核组的人员和资质要求。旧版要求 FM 认证的审核组需“3 名以上(含 3 名)审核员组成”、CoC 认证审核组由 2 名以上(含 2 名)审核员组成，审核组长必须是由主任审核员担任；新版则放宽了限制“审核组中应指定一名有资格的审核员担任审核组长”，有资格的审核员可以是主任审核员，也可以是认证机构指定的有能力领导审核组完成审核任务的审核员担任。

审核组人数方面，新规则要求“至少有一名相应认证业务范围的森林认证审核员，必要时可配备相应的技术专家(单地点的产销监管链认证审核组可由一名审核员组成)”，也就意味着认证机构可以根据业务复杂程度选派 1 名(CoC 认证业务)、2 名以上(FM 认证)，必要时 3 名审核员进入现场审核，这给受审核方降低了成本。

同时应该注意新规则并非一味为降低成本而减少审核组成员，与审核组长配合的审核员的要求是“相应认证业务范围”。为确保认证质量，认证机构不能选派非相应业务领域的审核员。比如审核一家从事胶合板生产的企业，审核员中至少有一位熟悉该业务领域，必要时可配备相应的技术专家，以便很好地服务于认证企业。

(4)预审和主审

新版规则最大的变化就是把这两个流程合并为一项“6.4.1 预审和主审”，并且简化了要求。旧版则分成“3.3.1 预评估”、“3.3.2 主评估”两个部分进行详述，列出了评估的具体要求和审核组人员组成要求，以及评估结论、不符合项判定、严重不符合项判定等事项。新规则无该部分内容，相关内容可参考森林经营认证导则(LY/T1878)。

在此部分，新版规则仅提出了三条规则：

1)“FM 认证须进行预审和主审，其他审核可直接进行主审”。值得注意的是，非木质林产品、竹林、森林生态环境服务认证(森林公园、自然保护区)等其认证需要在 FM 认证通过的前提(基础)下进行认证，所以对于首次申请非木质林产品、竹林、森林生态环境服务认证(森林公园、自然保护区)而未经过 FM 认证的企业，则需要进行 FM 的预审和主审。

2)“预审是为受审核方确认主要差距和问题，为主审做准备”。事实上，森林经营认证所覆盖的要求十分广泛，且要求受审核方按照森林认证相关标准建立体系实施运行。预审核就是按照相关森林认证标准评估受审核方所建立的管理体系及实际运行与审核标准要求存在的差距，提出持续改进要求，以便能够满足森林认证主审核所要求的认证条件。

3)“主审应该覆盖认证依据的所有要求”。需要注意的是，主审核不仅仅关注预审所发现的问题和差距，还要按照认证规则所要求的审核范围进行全覆盖。

(5)现场审核程序

旧版未说明现场审核程序。实际上现场审核程序和 ISO9000 等体系认证的常规程序相差不大，基本上分为：首次会议→文件审核→现地审核→利益方访谈→末次会议。因森林认证涉及环境、社会、经济多方利益，故利益方访谈是其必不可少的重要环节。

值得注意的是，新规则对首次会议的内容作出了明确要求，除了常规的介绍审核组成员、审核程序、范围、要求等以外，还要求审核组主动提示认证风险及保密承诺。

(6)同行专家评议与认证决定

该部分内容新旧两版规则无明显差异。关于审核结论、不符合项判定、认证决定等具体内容未在新版规则中体现，认证机构可以参考森林经营认证导则(LY/T1878)相关内容。

(7)监督审核

旧版规则详细描述了监督审核的内容和要求，包括监督审核结论与特殊情况下的监督审核要求。新版则无此项内容，仅对监督审核频次、程序、内容做了规定，监督审核的实际操作可由认证机构根据获证组织的特点、性质决定监督审核的频次。如遇到特殊情况(如影响证书有效性的重大事项)，认证机构可以根据具体情况实施特殊审核。

(8)再认证

新规则把申请人提出再认证规则的时间提前到了6个月，旧规则是要求3个月。

(9)认证的保持、暂停、撤销、注销、恢复与变更

新规则在这方面较旧版简单，仅在7.2.3明确“认证机构应当对获证组织认证证书的使用情况进行有效管理。当获证组织出现影响管理体系正常有效运行的情况且经现场验证不能在规定时间内纠正的，认证机构应视情况对认证证书做出暂停或撤销的决定”。什么情况可以判定为“影响组织管理体系正常有效运行”，什么情况下认证机构作出相应的应对措施(保持、暂停、撤销、注销、恢复与变更)则由认证机构自行判断。我们认为旧版规则对于“认证的保持、暂停、撤销、注销、恢复与变更”等各种情况详细规定，或可作为森林认证机构的参考。

6. 认证证书和认证标志

新规则要求认证证书上明确标示出：“本证书信息可在国家认监委公示的网站(www.cnca.gov.cn)上查询”，以便于社会监督，其余证书内容上无明显差别。旧规则无本条规定。

认证标志。新规则按照“7.3 森林认证标志样式由国家认监委和国家林业局另行发布”要求，鉴于认证标志是森林认证的重要体现，为顺利推进森林认证全面开展，森林认证标志应尽快发布以示规范。

7. 信息报告

新规则明确要求认证机构实行信息月报制度，须在证书颁发后30个工作日内向认监委报送相关信息。认监委则设立专栏向社会公示相关信息，接受社会监督。报送的形式主要是电子信息。

旧规则要求认证机构以认证机构盖章确认的信息季报报送认监委和国家林业局，报送的形式主要是纸质版。

8. 认证收费

旧版“7 认证收费”只是提示认证机构根据相关规定收取认证费用，新规则无本条规定。为规范森林认证收费，希望相关监督部门依据市场实际，制定指导性意见。

9. 认证证书转换

2009年《森林认证规则》发布的时候，中国森林认证体系（CFCS）刚起步，还未与PEFC体系进行互认，所以根本没有涉及证书转换的问题。

新规则发布的公告中明确提到森林认证机构认可资质的问题，即在新规则发布后至2015年12月31日止，未获得认监委森林认证领域业务资质的机构须退出中国森林认证业务领域，其之前认证过的客户将实行认证证书转换工作。证书转换工作涉及两个方面的重要问题：

一是认证标准一致。《森林认证规则》发布之前，境外认证机构从事FSC或PEFC认证的企业依据的认证标准与新规则明确的认证标准相异，如涉及证书转换需要按照新的森林认证规则执行。

二是认证结果一致。对于可能存在违规并未彻底整改的获证组织，在证书转换时应按新规则明确的相应认证标准严格审核，确保认证结果与标准符合，所以认监委要求认证机构应当审慎受理证书转换。

到目前为止，PEFC与CFCC已经互认。但FSC由于种种原因未能与CFCC互认，希望监管部门对不同体系获证组织在证书转换的具体操作方面，作出进一步的指导或明确解释。

10. 认证机构认可和认证人员注册要求

期待相关机构依据《森林认证规则》要求，尽快出台认证机构认可与审核人员注册的具体制度。

11. 附则

附则重申了国家认监委和国家林业局对森林认证的双重管理原则，两个国家部委根据其分工不同实施监管活动，但具体如何分工在本附则中未能详细说明。目前的分工大致如下：认监委负责规则发布、机构审批认可、审核员资质注册，国家林业局负责林业行业具体业务指导、相关认证实施导则发布。具体如何体现，则需要监管机构进一步的明示。

问题探讨

（1）作为国家层面的法规，中国森林认证管理委员会（CFCC）的法律地位未在规则中体现。这关系到其在森林认证实施中发挥作用的合法性，监管机构似应予以明确。

（2）新规则中并未涉及CFCC与PEFC正式互认，互认后双体系在认证实践中如何操作，至今未见到法规性文件，期待国家认监委和国家林业局进一步以法规形式明确。

（3）新规则明确“森林认证标志样式发布由国家认监委、国家林业局另行发布”，原规则废止新规则未出台前怎么操作？新规则也未涉及标志使用、管理，是否也应一并发布，避免认证机构无所适从。

（4）中国森林认证体系2009年发布的试行规则中明确给出了“CFCC”缩写字样的图形，实际上CFCC所代表的英文是：China Forest Certification Council，即为中国森林认证管理委员会，而中国森林认证体系的英文为China Forest Certification System，缩写为

CFCS。有关部门在以往宣介中也曾出现两种缩写，中国森林认证体系标识到底应该是CFCC还是CFCS，也有待监管机构进一步明确和统一(图1、图2)。

图1 中国森林认证试行标识(废止)

图2 现在使用(尚未公布)的森林认证标识

(5)《森林认证规则》的发布对于进一步规范中国森林认证市场，引导认证市场公开、透明、公平竞争将起到非常重要的规范引导作用，同时对中国森林可持续发展、林下经济品牌建设等也必将起到良好的推动作用，中国森林认证市场也必将进一步走向规范和良性的发展。为了中国森林认证市场健康可持续发展，我们热切盼望在不远的将来，监管部门就森林市场监管、认证证书标志使用管理、认证体系国际互认等发布具体实施细则，对中国森林认证市场起到更好的监督规范指导作用。

——白会学　周正火

非木质林产品经营认证的核心构架

森林资源中的非木质林产品经济价值是潜在的、巨大的，为发展中国家、贫困地区的农村提供重要的经济来源、就业机会，以及食物、药材、生态环境；我国是世界最大的非木质林产品采集国，非木质林产品开发利用对我国林业和山区经济发展具有重要作用。开展非木质林产品经营认证对于将产品打入国际市场、减少政府的森林资源监管费用具有重要意义。当前，国内外针对非木质林产品经营认证的独特性，也开始了相应的研究和制定了相应的标准，但总体上对非木质林产品经营认证的认识比较模糊。本文分析了非木质林产品及其认证的概念与内涵，系统地介绍非木质林产品经营认证的核心构架，以厘清非木质林产品经营认证的概念和内涵，推动非木质林产品认证活动。

一、非木质林产品及其经营认证内涵

（一）非木质林产品的概念

传统上我国将木材以外的资源都称为林副资源，其中有特殊风味、用途和价值的种类称为林副特产，世界各国对其称呼亦有多种，如多种利用林产品、林副产品、非木材林产品和特殊林产品等。简而言之，非木质林产品是从以森林资源为核心的生物群落中获得的能满足人类生存或生产需要的林下经济资源产品和服务。

《中国森林认证非木质林产品经营》中，将非木质林产品定义为，在森林或任何类似用途的土地上，以森林环境为依托，遵循可持续经营原则，所获得的除木材以外的林下经济资源产品。这一概念包括四个内涵：一是非木质产品的来源地可以为森林或任何类似用途的土地，包括林缘、林隙等，从狭义上说，就是林区的范围；二是非木质林产品的产地环境是森林环境，包括植被覆盖度、生物多样性、森林健康度、空气环境、水环境和土壤环境等，因此森林环境必须具有可持续性；三是非木质资源具有可再生性，但这种可再生性是基于良好经营的基础上，即遵循可持续经营的原则，在森林环境承载力的有限范围内生产，才能保障非木质林产品的可持续收获；四是明确为木材以外的林下经济资源产品，不能是乔木主干、主枝，但可以是乔木树种产生的花果、种子、树叶、树液，以及林内天然的或人工种植的灌草资源，如花卉、药材、菌类，天然的或人工养殖的动物资源。

（二）非木质林产品经营认证的内涵

《中国森林认证非木质林产品经营》中，非木质林产品生产经营是指"对非木质林产品进行培育、采集、储藏、运输、销售等生产经营活动的总称”，涉及多个环节与流程。虽然国际上提出了非木质林产品认证，但其准确的概念却缺乏详细的说明。

从我国制定的非木质林产品经营的认证要求看，非木质林产品认证是指按照标准和规定程序，对产自森林环境非木质林产品的生产经营过程进行评估，以证明其生产经营的可持续性。也就是说，非木质林产品经营认证，一是应遵循《中国森林认证非木质林产品经营》与森林认证的一般程序，按规定对生产经营过程进行评估，审核具有独立性、系统性、客观公正性；二是认证目的为森林资源、非木质林产品的生产经营全过程的可持续性，是指非木质林产品是源于可持续性的森林环境中，自身的产出也具有可持续性，而不是产品的可用性、可食性或质量状况等特性，因生产经营活动破坏森林资源、森林环境或非木质林产品产量的降低或不可持续，如过度采集松果而导致松鼠缺食、松林天然更新中断，林内利用木材资源大量培育木耳、蘑菇而破坏森林资源，过度采挖野生药材等，都是不被认可的。

二、非木质林产品经营认证的核心构架

(一)非木质林产品经营认证的核心要求

从森林认证内在要求出发，非木质林产品经营认证需要考虑经营活动的合法性、森林环境的维持性、社会责任的落实性、生产经营的可持续性、经营产品的可追溯性。《中国森林认证非木质林产品经营》反映出这些要求，如表 1 所示。

表 1　非木质林产品认证的核心要素

涉及方面	核心要求	标准的准则
经营活动的合法性	产品经营的合法性	准则：遵守国家法律法规、规章制度和相关国际公约
		准则：非木质林产品生产（种类合法、允许经营）
	权属的合法性	准则：森林权属（包括土地权属、资源经营权属）
森林环境的维持性	森林资源可持续性	准则：非木质林产品生产（技术措施）
	森林生态环境可持续性	准则：森林与环境保护（森林保护、环境保护）
社会责任的落实性	当地社区合法权益；劳动者合法权益	准则：当地社区和劳动者权益（包括员工工资、社区就业、社区扶持等）
生产经营可持续性	生产经营规划	准则：非木质林产品经营规划
	生产经营作业	准则：非木质林产品经营
	生产经营监管	准则：非木质林产品经营监测与档案管理
产源的可追溯性	档案管理	准则：非木质林产品经营监测与档案管理

(二)经营活动的合法性

森林经营认证的目的并不是评价其经营的合法性，但是负责任的森林经营作业是遵从相关法律法规要求的，其中包括我国已经签署的国际公约等文件。因此，《中国森林认证 森林经营》中明确规定，合法性要求是开展可持续生产经营应具备的基础条件之一。非木质林产品经营认证也需要遵循合法性要求，这有助于深化我国非木质林产品认证工作，增强我国非木质林产品的国际竞争力，促进我国非木质林产品认证趋于

国际化。

非木质林产品生产经营认证的合法性具体包括：经营经准许的非木质林产品种类，禁止国家不允许经营的种类；权属明确，具有产品的经营权属，依法处理相关的权属争议；依法缴纳税费；保护林地，防止林地逆转为非林地；符合国际公约。

（三）森林环境的维持性

非木质林产品的经营活动是在林区内开展，其生产经营环境是森林生态环境；如果没有了森林，那么“皮之不存、毛将焉附”，也必然没有非木质林产品。非木质林产品的生产经营活动必然影响森林及其环境，因此应维持甚至提高森林生态环境质量，确保具有非木质林产品生产的外在环境，不能对森林及其环境造成负面的影响。

非木质林产品生产经营认证中关于维持森林环境的要求，主要体现在两个方面，即非木质林产品培育过程不破坏森林环境，采收过程应保证森林的自我更新并维持生态环境。具体上，一是要保护森林植被和生物多样性，外来物种慎用、并应有科研基础和无害实践结论，采收非木质林产品时不应对乔木资源进行破坏，保留天然更新、野生动物食用所需的果实量，等等；二是要维护地力和森林环境，科学规范经营，限制使用化学农药、化肥，合理处理废弃物，等等；三是要积极主动或配合防治林业有害生物，开展森林防火措施、配备防火设施设备，等等。

（四）社会责任的落实性

非木质林产品的经营活动应具有明显的社会效益，不仅是产品对区域社会经济发展有益，而且生产经营活动亦需对周边居民、生产员工担负相关社会责任。非木质林产品生产经营认证时，对生产经营单位的社会责任要进行评定。

担负周边居民的相关社会责任，以加强与社区之间的友谊，主要包括：一是优先安排社区居民成为作业员工，尽可能为社区居民、弱势群体和工人提供知识技能培训或适当形式的帮助，积极支持与森林资源经营相配套的基础设施、辅助设施建设和社区项目；二是了解、尊重和允许当地居民的土地所有权、相关利益和传统权利，不影响相关权利的行使，如采蘑、采挖药材、收集薪材、养蜂、休闲游憩、通行、环境教育等，而非木质林产品经营活动也需要得到当地居民的允许，对于特殊情况如防火期等，需要明确规定并公示；三是如因非木质林产品经营活动造成损失的，须给予一定补偿。

负责作业员工的社会责任，包括工资、社保、医保和退休金等福利待遇，配备必要服装和安全保护装备、提供应急医疗处理、开展安全培训等，能保障职工的健康和安全，鼓励职工参与生产经营决策，等等。

（五）生产经营的可持续性

非木质林产品持续生产是非木质林产品可持续经营的具体实践和体现，包括非木质林产品生产经营的规划、计划、生产、管理等。

非木质林产品种类多样，因此其具体作业技术措施也各有不同，认证时并不对具体的作业技术可行性进行评价，而是对非木质林产品持续产出能力的认证，非木质林产品经营单位能长期、稳定地从可持续经营中获得产品及相应的经济效益。由于非木质林产品的自我或人工更新，是依赖于所存在的森林环境以及人工对其的经营管理，因此，在认证时要综合考虑生产的可持续性，重点审核非木质林产品的中长期规划、生产技术文件、人员培训与安全生产情况，确保产出的可持续性。

（六）产源的可追溯性

生产地来源的可追溯是森林认证的基本要求之一，《中国森林认证产销监管链》明确要求对认证林产品能够溯流追源。因此，需要非木质林产品经营单位对非木质林产品的生产、销售进行全过程监管，将生产经营过程中的文件、记录、监测、财务、员工培训、劳保材料使用、上游原料厂家信息及原料购买情况、下游产品买家信息及产品销售情况等进行详细记录、归档，尤其是生产工作日志文件，以确保原料来源于经认证的产品，并通过认证产品的贴签、发放出售单据等方式，掌握产品流向，确保到达最终消费者手中的非木质林产品能追溯到自身、上家原料供应商和下家产品销售对象，从而实现产地的追溯性。

三、结论

总体上，目前我国的非木质林产品认证仍处于起步阶段，依然存在许多不容忽视的问题。即使是尤如 PEFC、FSC、有机食品认证等，也没有针对这种源于森林环境、与木质产品不同的产品制定独立标准，而仅是针对其中某些特定产品特定作业、制定相关标准。此外，多数涉及非木质林产品认证的标准，它们之间一个重要差异是在于不同标准对应于生产、加工、销售等不同阶段，有些仅侧重于生产培育过程的认证，有些则用于加工过程的认证，还有些则用于销售过程的认证。《中国森林认证 非木质林产品经营》是对非木质林产品生产经营、加工、销售等全过程的认证规定，不仅适用于生产产家的认证，而且适用于加工、销售过程的认证，适合于我国非木质林产品认证需要。本文对我国非木质林产品经营认证的核心构架进行了阐述，有利于对非木质林产品认证标准的理解和实施。同时，对于拓展我国森林认证的理论，也具有一定的启示意义。

——王红春　张历燕

第四部分

中国林业产业的热门话题

我国木材安全战略之珍贵树种培育

木材是迄今为止，大自然赐予我们人类的最珍贵的礼物。木材可以作为材料，可以作为燃料（包括固体、液体、气体），还可以作为工业原料（包括塑料、纸张），生长木材的树木还可以为我们提供食物。现在，我们人类可以上天入地，可以搞导弹、原子弹，但还不能够发明一种综合性能可以与木材相比美的材料。

一、珍贵木材资源培育势在必行

近年来，我国的木材安全问题已作为国家发展战略被提到了重大的议事日程上来。和粮食的安全问题一样，我国的木材安全也是主要依靠我们自己的力量来解决。我国木材安全问题最突出的，就是珍贵木材供应严重不足。因此，珍贵木材资源的培育是我国木材安全问题的重中之重。珍贵木材一般应具有密度大、硬度高、颜色深、纹理美观和有香气等特点，可用于制作中高档家具、乐器、工艺品等实木制品及中高档装饰、装修材料。

近几十年，我国经济发展成效显著，人民生活水平大幅提高，中等生活水平以上的人数迅速增加，加之群众的欣赏水平、文化素质的提高，社会安定、盛世收藏，以及我国特殊的文化背景和社会公众的广泛认同，珍贵木材的社会需求越来越旺盛。由于历史的原因，我国珍贵木材资源的培育缺口极大。现在，红木类及类红木类的珍贵木材，如紫檀木、酸枝木、花梨木、檀香木等几乎全部依赖进口。橡木、榉木等珍贵木材也大都依赖进口。我们每年都要花费巨额的外汇用来购买这些珍贵木材。

我国地跨热带至寒温带，每个地区都有相应的适合当地生长的珍贵木材树种。我国特有的红木类的树种就有两个，即海南的降香黄檀和云南的黑黄檀。全世界各种包括红木类树种在内的珍贵木材树种都可以在我国种植。现在，红木类的紫檀属、黄檀属、铁刀木属等多种国外珍贵木材树种都已在我国引种成功。

我国有大面积的荒山荒坡，可以用来种植珍贵木材树种。珍贵木材树种大都生长在土壤瘠薄，水肥条件较差的地块。如我国特有的红木树种——降香黄檀，其木材的芯材就是我们常说的黄花梨，高品质的树木就长在石头缝里，完全可以用于我国南方部分地区的石漠化治理。

我国城市绿化用地可以用来培育珍贵木材树种。城市绿化用地一般占城市市域面积的30%左右。城市占用的土地大都比较平缓，交通条件较好，有利于树木的种植和管护。这是一个庞大的珍贵木材树种培育的土地资源，但是我国城市绿化没有和珍贵木材树种资源的培育很好地结合起来。

很多城市种植的是没有太大价值的杨树、法桐等软阔叶树种及一些针叶树种。珍贵木材树种大多是硬阔叶树种。这些树种除了可以提供珍贵木材以外，往往具有更好的生态效益和观赏效果。大多数珍贵木材树种都是长寿树，只有长寿树才能传承历史和文化，一座城市没有一些像样的百年、或数百年，上千年的大树，这座城市就没有历史、没有文化。与城市绿化一样，我国的村屯绿化、农民房前屋后，地角田边的绿化，都可以采用珍贵木材树种。

我国有大面积人工针叶纯林(松树、杉树)和人工软阔叶纯林(杨树、桉树)，生态稳定性极差，极易发生火灾和毁灭性病虫害。这些森林极需进行林种结构的调整，可以用珍贵木材树种与这些人工林混交。如果在这些人工林中提取15%的林地用于珍贵木材树种的培育，不仅可以生产大量的珍贵木材，而且也可以大大提高我国人工林的生态质量。

很多果树的木材也是珍贵木材(如南方的龙眼、荔枝树，北方的核桃、枣、板栗树等)。但我国栽植这些树种的目的，就是取果，基本没有人考虑到，这些树长大了成材了，树木的木材会有什么利用价值。为了取果的便利，这些树木被修剪成低矮的形状，有的任其生长，没有主干，歪七扭八。到了需要进行树种更新时，或树木自然死掉时，根本没有可以作为利用的木材，只能烧火。有的地方不再烧柴做饭了，反倒造成了清理上的麻烦。如果采用果材两用的培育果树的种植模式，不仅可以为国家培育战略资源，而且也会为果树种植者带来可观的经济收入。

珍贵木材树种的培育与过去速生丰产用材林的培育有所不同。我们传统判别树种的优劣，就看生长速度。长得快的品种就是好品种。珍贵木材树种优劣的判别，主要是其木材的质量。要保证珍贵木材的质量，必须在整个树木生长过程中，尽可能地按照这些树种在原生态下的生长条件进行管护。也就是说，珍贵木材树种的培育应当采用近自然的经营方式。

二、全面考虑珍贵木材树种的培育

珍贵木材树种的培育，不仅仅是简单地把符合条件的树种上就行了，而是要建立一个近自然的森林生态系统。因此，我们关注的不仅仅是树木，还要考虑到与树木相关的动物、植物和微生物，还要考虑到对环境的影响。只有这样，我们才能够培育出高质量的珍贵木材。

要尽量保护珍贵木材树种种植区域的原生态。对原有的沟边、陡坡、石缝中的原生植物，包括灌木和草，要尽量保护。这些植物对保护和涵养水土有着极其重要的意义。灌木丛和草丛还是一些鸟类和昆虫等动物的栖息地。这些动物对这个地区的生态平衡有着重要的作用。在新造林地上必须保留原生的乡土树种，保留一定数量的高大树木。千万不能因为原生地的高大树木对珍贵木材树种有遮闭阳光的作用而将其砍掉。要避免大面积整地，有的地方为了种植珍贵木材树种采用机械进行大面积翻耕，造成肥沃的表土流失、生土暴露。还有的地方采用原始的方法进行炼山。这些做法不仅破坏了原生态，而且也十分不利于珍贵木材树种的生长。很多珍贵木材树种需要原生态的环境，有的树种还需要伴生树种和寄主树种。原生态下的各种各样的动物（包括昆虫）、植物（包括灌草、地衣、苔藓）、微生物（包括菌类），对珍贵木材树种的生长都有可能会起到至关重要的作用。此外，珍贵木材树种的幼苗的生长是需要其他树种和灌草遮蔽的，让这些树苗暴露在裸露的土地上和炎炎的烈日下，是不利于其生长的。

要避免大面积的纯林。无论种植何种树木，大面积的纯林都会引起生态问题。要提倡采用不同树种的混交。混交以块状混交为最佳。株间混交和行间混交，会因树种的生长速度不一，造成长得快的压住了长得慢的。

要适度控制生长速度。长得过快，培育不出我们真正需要的高质量的珍贵木材。尽量不浇水、不施肥，任其自然生长。也可以采用打掉部分枝叶的办法，控制植株的过快生长。现在，一些企业将降香黄檀种在土层深厚肥沃的地里，而且大量浇水、施肥。结果使降香黄檀的生长速度大大加快。过快的生长造成了降香黄檀树木的心材密度下降，管孔直径增大。根据《红木》国家标准的规定，香枝木类必备条件为：木材含水率12%时气干密度大于0.8克/立方米，及平均管孔弦向直径不大于120微米。也就是说，如果树木生长速度太快，密度达不到标准，或管孔直径超过标准，那么，即使我们栽植的就是降香黄檀，我们也的确费了九牛二虎之力，但是最终还是长不出香枝木（即黄花梨）来。

要提倡使用直播造林。珍贵木材树种多是主根发达的树种。由于苗木的主根较长，在起苗时往往需要断掉主根。因此，重新植苗后，其受到破坏的主根可能会永远失去向土壤深处及岩缝中吸收水分和养分的顽强的能力。这一能力的缺失，会严重影响植株的抗旱、抗寒、抗病虫害的能力。容器苗则由于苗木的主根发育很快，最终只能盘绕在容器的底部。当容器苗定植以后盘绕的主根向下发育的能力也会受到影响。最自然的方法有时是最好的方法。直接播种造林是最自然的林木繁育方法，最有利于林木的主根生长。采用这种方式造林可以大大提高珍贵木材树种的成活率、保存率，以及珍贵木材树种的抗性和寿命。

要限制使用化肥。我国一些地区部分人工用材林大量施加化肥，造成林地土壤板结。部分化肥随雨水顺坡流入江河，有的渗入地下造成水质污染。部分化肥还会弥散至空中，造成空气污染。珍贵木材树种培育要特别注意防止这种现象。现在我国最大的面源污染就是农业使用的化肥污染。

如果林业也大规模地使用化肥将会造成不可估量的后果。珍贵木材树种的培育要特别注意慎用杀虫剂及灭鼠兔药。如果我们的森林不是纯林，一般情况下，鸟和虫会保持一种生态平衡的状态。使林间有虫而不为害，保持林间的生物多样性，应该作为我们珍贵木材树种经营的一个目标。森林里的动物、植物、微生物之间的关系是一种你中有我、我中有你的和谐关系。没有绝对的害虫、害兽。毛毛虫吃树叶是害虫，没有了毛毛虫，鸟也就不来了，而没有鸟的林子是没有生气、没有活力的死林子。在林子里一条虫子都见不到，绝对不是好现象。森林的经营者眼睛不能只盯着树，还应该站在一个更高的层次上看看林子里有没有鸟，有没有蝴蝶、蜜蜂乃至树叶上有没有毛毛虫。对于林间的鼠兔为害，也可以做等量观。

三、以短养长，永续利用

珍贵木材树种的培育周期一般都比较长。可以通过建立林木流转市场，苗木的销售，观赏树木的销售，在林中建立森林康复医院、特色森林休闲度假，发展林下种植、养殖业，开发使用小材小料的木质工艺品(雕像、把玩件、文房四宝、餐具、乐器、兵器、烟具、玩具)，开发药材、香料、饮料、食品等新产品等多种方式回收投资。

珍贵木材树种资源的培育，是国家的百年大计。在漫长的树木生长过程中，种植者一般是很难得到经济效益的。而在这个过程中，国家和社会得到了生态效益和环境效益。因此，国家对珍贵木材树种种植应当给予一定的补助。为了鼓励社会各界都能够参与珍贵木材树种的种植，这种补助应当是一视同仁的。谁种了，谁受益，不管是农民还是企业。现在珍贵木材树种的种植，有的可以从政府免费得到苗木，有的可以得到政府的种植补贴，有的什么也得不到。这不公平。为了使补助真正落实到珍贵木材树种培育事业上，可以考虑在珍贵木材树种栽植 3 年以后，按实际保有的面积发给。我国现有 43 亿亩林地，如能拿出 15 亿亩(人均 1 亩)，改造和种植珍贵木材树种，可以形成一笔巨大的国民财富，也会使我国的生态环境得到改善。这对于解决我国木材安全问题将会起到非常重大的作用。

——黎云昆

中国林业产业信用体系建设规划纲要(2015~2020年)

根据党的十八大提出的"加强政务诚信、商务诚信、社会诚信建设",十八届四中全会提出的"加强社会诚信建设,健全公民和组织守法信用记录,完善守法诚信褒奖机制和违法失信行为惩戒机制",《中共中央 国务院关于加强和创新社会管理的意见》提出的"建立健全社会诚信制度",以及按照国务院办公厅《关于社会信用体系建设的若干意见》、《社会信用体系建设规划纲要(2015~2020年)》、中央文明委《关于推进诚信建设制度化的意见》的总体要求和国家林业局有关落实信用建设工作的具体要求,特制定《中国林业产业信用体系建设规划纲要》(以下简称《纲要》)。规划期为2015~2020年。本《纲要》由国家林业局授权,中国林业产业联合会负责组织起草、实施。

一、发展现状、形势和要求

(一)发展现状

近年来,为贯彻党中央和国务院的部署,国家林业局十分重视林业产业信用体系建设工作,取得了积极进展。

(1)林业产业信用组织管理机构初步建立 根据国家林业局授权,应广大林业骨干企业要求,中国林业产业联合会发起成立中国林业产业诚信联盟、林业产业诚信工作办公室、林业产业行业信用评价委员会,统筹推进林业产业信用体系建设工作。

(2)林业产业信用制度建设取得积极进展 编制发布了《中国林业产业企业诚信评价标准》、《中国林业企业信用评级规范》、《中国林业产业诚信企业(单位)评定管理办法》、《中国林业产业诚信企业品牌评定、品牌标识使用管理办法》等规范性标准文件。

(3)林业产业信用信息平台建设积极推进 林业产业全国集中统一的金融信用信息基础数据库正积极筹备建设,小微企业和林区信用系统建设也在积极推进;各地区、各骨干企业正在探索建立综合性信用信息共享平台,促进本地区各部门、各单位的信用信息整合应用。

(4)林业产业信用评价开展顺利 林业产业行业信用评价工作已纳入全国参与企业信用等级评价工作商会协会名单,正在全面推动开展林业产业信用评价工作,推动信用信息公开,开展实施信用分类监管。

(5)林业产业诚信宣传教育和诚信自律活动积极开展 林业产业主要社会组织率领各林业骨干企业先后在江西的宜丰和井冈山、北京、上海、郑州、三明等地组织林业企业诚信经营宣誓和推广活动，积极倡导林业企业诚信经营，并取得显著社会效应。

我国林业产业信用体系建设虽然取得积极成效，但仍存在诸多难点、不足和亟待解决的问题。主要是信用体系建设组织力量薄弱，工作推进机制有待完善；覆盖全行业的信用信息平台尚未形成，企业与个人成员信用记录尚未建立、守信激励和失信惩戒机制不健全，守信激励不足，失信成本偏低；行业信用服务市场不发达，服务体系不成熟，服务机构公信力不足，信用信息主体权益保护机制缺失；行业企业诚信意识和诚信水平亟待提高，履约践诺、诚实守信的氛围尚未形成，生产安全事故、涉林产品质量及食品药品安全等事件仍有发生，制假售假、偷逃骗税、虚报冒领、骗取国家财政补贴等现象依然存在，林产品的公信度、美誉度离人民群众的期望还有较大差距。

(二)形势和要求

近年来，党中央、国务院高度重视社会信用体系建设。党的十八大、十八届三中全会、十八届四中全会以及相继出台的《关于社会信用体系建设的若干意见》、《社会信用体系建设规划纲要(2014－2020年)》、《关于推进诚信建设制度化的意见》对社会信用体系和诚信建设提出了总体要求。国家有关部门和部分地区的社会信用体系建设探索实践取得了较大进展。现阶段我国正处在更大范围、更宽领域、更深层次上提高开放型经济水平的拓展期，经济全球化使我国以及我国林业产业对外开放程度不断扩大，与其他国家和地区的经济社会交流更加密切，对加快建立健全林业产业信用体系提出了迫切要求。

(1)*发挥信用建设在市场资源配置起主导作用的迫切要求*　现代市场经济是信用经济，建立健全林业产业信用体系是整顿和规范林业产业市场经济秩序、改善林业产业市场信用环境、实现公平竞争、防范经营风险的重要举措，更是减少政府对市场经济的行政干预、完善社会主义市场经济体制的重要抓手。

(2)*适应生态文明建设新常态的迫切要求*　林业产业正处在主动适应国家经济发展新常态，激发生态林业民生林业新发展和林业现代化的战略机遇期。加快推进林业产业信用体系建设，是促进智慧型林业健康发展，满足市场生态需求和绿色需求，促进资源优化配置、扩大内需的必然选择；是扩大林业信用消费、促进林业信用经济发展，促进林业产业结构优化升级的重要前提，更是激发生态林业、民生林业科学发展，促进生态文明建设进程的基础保障。

(3)*加强和创新林业产业行业管理水平的迫切要求*　随着我国经济社会转型速度的加快，市场竞争、消费者诉求更加多元化，行业管理方式也在发生深刻变化，全面推进林业产业信用体系建设，是加强和创新行业管理，增强社会诚信、促进社会互信、减少社会矛盾的有效手段，更是构建社会主义核心价值观的必然选择。

(4)*培育林业产业国际合作竞争优势的迫切要求*　加快林业产业信用体系建设，是树立林业产业国际品牌和声誉，提升林业产业软实力和国际经济合作竞争优势，降低交易成本；更是促进林业产业的国际合作与交往，适应新形势，融入驾驭全球化林业产业新格局的重要举措。

二、指导思想、基本原则和建设目标

(一)指导思想

全面推进我国林业产业信用体系建设，应坚持高举中国特色社会主义伟大旗帜，以邓小平理论、三个代表重要思想、科学发展观为指导，贯彻落实党的十八大、十八届三中、四中全会和习近平总书记系列重要讲话精神，以培育和践行社会主义核心价值观为根本，以加强林业产业参与社会信用体系建设为基础，以褒扬诚信、惩戒失信为重点，以完善法律法规为保障，大力推进林业产业诚信建设制度化，建立健全长效运行机制，着力营造讲诚实、守信用的林业产业舆论环境、经济环境、社会环境，为实现林业产业健康发展，推进生态文明建设，实现中华民族伟大复兴的中国梦提供有力的政策保障与技术支撑，具有广泛的现实意义和深远的历史意义。

(二)基本原则

(1)部门引导，企业参与　充分发挥依托林业产业主管部门和行业协会的组织、引导、示范、需求培训、宣传教育等方面推动作用。林业产业主管部门和行业协会负责制定规划纲要与制度、标准，推进林业产业信用体系的基础建设，促进行业信用服务市场化发展，鼓励和调动林业产业企业、中介机构等在行业信用建设、信用产品开发使用和信用服务中的基础性作用，广泛参与、共同推进林业产业信用体系建设。

(2)健全制度，规范建设　建立健全林业产业信用制度和标准规范体系，强化对行业信用信息采集、记录、建档、共享、公布和使用的全过程管理。加强信用信息平台安全维护，规范有序发展行业信用服务市场，切实维护信用信息安全和信用主体合法权利。

(3)统筹规划，分步实施　统筹规划，全面部署，调动各方积极性，加快形成林业产业信用体系建设的合力。立足长远，着眼当前，点面结合，有计划、分步骤地组织推进。

(4)以用促建，示范带动　以建立长效机制为目的，以林业产业诚信信息和信用产品的需求为牵引，通过行业监管和市场信用需求的结合，在公共资源交易、食品药品、产品质量安全、民生保障等重点领域开展示范带动，促进全行业信用体系建设。

(三)建设目标

(1)总体目标　到2020年，建成与国际接轨、与社会主义市场经济体制相适应的林业产业信用体系，成为全国行业信用体系建设的示范区。

(2)具体目标　①健全多层次、全方位的守信激励和失信惩戒机制，对减少行业内失信行为发挥明显作用，形成林业产业诚实、自律、守信、互信的环境氛围；②健全完善林业产业信用制度和标准规范体系，确保林业产业信用信息平台功能齐备、运行状态良好，将行业信用服务打造成为行业新兴产业；③实现智慧型林业产业快速发展和林业企业转型升级，为林业产业信用体系建设提供制度监管与技术保障；④依托林业大专院校、科研院所和大型骨干企业，成立林业产业信用建设研究院(所)，建立院士工作站和博士后科研流动站，培训200名以上林业产业信用管理师、信用培训师、信用评估师等信用专业人才，为林业产业诚信体系建设提供理论与专业技能支撑；⑤依托国家相关政策，重点引导和扶持100家龙头骨干诚信企业，培育5~10家林业产业诚信企业进入全国500强，培育30~50家智慧型林业产业诚信企业，培育2~3家林业产业诚信企业进入世界500强，引导林业产业健康发展。

三、主要任务

(一)健全林业产业信用立法、标准和规范体系

(1)加快推进林业产业信用立法工作　依托行业主管部门，编制、出台《林业产业征信管理条例》等相关法律法规，为林业产业信用信息征集、查询、应用、互联互通、信用信息安全和主体权益保护等工作提供法律支撑，使之有章可循，有法可依。充分发挥市场征信机制的作用，鼓励和引导各种社会资本投入林业产业信用体系建设，增加消费者对林业产业诚信企业及其产品的认可度、美誉度。

(2)加快推进林业产业信用标准建设　加快林业产业信用体系建设，制定、实施并完善"'一一三'林业产业信用标准(一个标准、一个规范、三个办法)建设工程"，即：《中国林业产业行业诚信评价标准》、《中国林业企业信用评级规范》、《中国林业产业诚信企业(单位)评定管理办法》、《中国林业产业诚信企业品牌评定、品牌标识使用管理办法》、《中国林业产业诚信企业领军人物、中国林业产业诚信功勋人物评定办法》。完善信用制度，推行统一的奖惩机制。鼓励社会组织、企业参与相关配套制度和实施细则，建立异议处理、投诉办理和侵权责任追究制度。

(3)建立林业产业统一社会信用代码制度　建立自然人、法人和其他组织统一社会信用代码制度。完善相关制度标准，推动林业产业在经济社会活动中广泛使用统一社会信用代码。

(4)建立林业产业信用信息分类管理制度　制定林业产业信用信息目录，明确林业产业信用信息分类，按照林业产业信用信息的属性，结合保护个人隐私和商业秘密，依法推进林业产业信用信息在采集、共享、使用、公开等环节的分类管理。加大对贩卖个人隐私和商业秘密行为的查处、惩戒、执法力度。

(二)加快推进林业产业行业管理组织诚信建设

林业产业行业管理组织诚信是林业产业信用体系建设的关键，各级林业产业行业管理组织行为主体的诚信水平，对林业产业其他主体诚信建设发挥着极为重要的表率和导向作用。

(1)加快林业产业行业管理部门信用建设　加快林业产业行业管理部门信用建设，带动全行业诚信意识的树立和诚信水平的提高。建立健全现代法人治理机构和运行机制，提高依法自治水平。

(2)加快林业产业社会组织信用建设　加快林业产业信用管理社会组织信用建设，依托法人单位信息资源库，完善林业产业信用管理社会组织登记管理信息。健全林业产业信用管理社会组织信息公开制度，引导林业产业信用管理社会组织提升运作的透明度，规范林业产业信用管理社会组织信息公开行为。把信用建设内容纳入核心工作

日程，强化林业产业信用管理社会组织诚信自律，广泛接受社会监督，提高自身社会公信力。发挥林业产业信用管理社会组织在行业信用建设中的作用，加强对会员单位和个人的诚信宣传、教育与培训。主动向社会公开年度工作报告、财务工作报告、会费收支情况等信息，向社会公开登记事项、接受捐赠、承接政府转移职能以及政府购买服务事项等信息，充分起到社会组织的桥梁、纽带作用。

(3)加快组建林业产业信用建设专家咨询机构　各地应根据实际情况，聘请林业产业、认证、金融、工商、食品安全等相关领域专家，组成林业产业信用体系建设专家咨询机构，制定诚信企业和认证产品综合要求的标准和实施细则，为不断完善林业产业信用体系建设提供制度保障与技术支撑。

(三)深入推进林业产业商务诚信建设

提高商务诚信水平是林业产业信用体系建设的重点，是商务关系有效维护、商务运行成本有效降低、商务环境有效改善的基本条件，是各类商务主体可持续发展的生存之本，也是各类经济活动高效开展的基础保障。

(1)加快林产品生产领域信用建设　建立安全生产信用公告制度，完善安全生产承诺和安全生产不良信用记录及安全生产失信行为惩戒制度。以林木培育与种植、木(竹)浆造纸、木(竹藤棕草)制产品、(人造板、地板、木门及木结构、家具等)加工制造、林化产品加工制造、林业机械等企业或单位为重点，健全信用安全生产准入和退出审核机制，确保其生产污水排放、产品甲醛含量等达到国家标准，促进林业企业落实安全生产主体责任。以经济林产品(含干鲜果、动植物养殖)种植培育采集与加工储藏、森林原生态产品、生态果酒及饮品、木本粮油、生物制药、生态旅游产品等涉林食品(饮品)、涉林药品、日用消费品和林业投入品为重点，加强各类生产经营主体生产和加工环节的信用管理，确保各类添加剂、农药残留等达到国家标准以及采用转基因原料生产的林产品标注说明。

(2)加快林产品流通领域信用建设　建立林产品质量信用信息异地和部门间共享制度，推动建立质量信用征信系统，加快建立、完善林产品质量投诉举报咨询服务平台，建立质量信用报告、失信黑名单披露、市场禁入和退出制度。制定林产品商贸流通领域企业信用信息征集共享制度，完善林产品商贸流通企业信用评价基本规则和指标体系。推进林产品批发零售、商贸物流、森林旅游(含住宿、餐饮、娱乐等)及其他涉林服务行业信用建设。开展企业信用分类管理，完善林产品零售商与供应商信用合作模式。促进反垄断与反不正当竞争行为，依托有关政府部门加大对扰乱市场、虚假宣传、商业欺诈、商业诋毁、商业贿赂等涉林企业违法行为的查处力度，对典型案件、重大案件予以曝光，增加企业失信成本，推动信用经营和公平竞争。逐步建立以商品条形码、二维码等标识为基础的全国林产品信用流通追溯体系。配合质检部门加强涉林产品检验检疫，确保其质量信用体系建设。支持涉林商贸服务企业信用融资，发展商业保理，规范预付消费行为。鼓励涉林企业诚信经营，促进个人信用消费。推进林业企业对外经济贸易信用建设，进一步加强对外贸易、对外援助、对外投资合作等领域的信用信息管理、信用风险监测预警和企业信用等级分类管理。借助电子口岸管理平台，建立完善林产品进出口企业信用评价体系、信用分类管理和联合监管制度。

(3)促进林产品价格领域信用建设　指导林业产业信用企业和经营者加强价格自律，规范和引导经营者价格行为，实行经营者明码标价和收费公示制度，着力推行“明码实价”。督促涉林企业加强内部价格管理，根据经营者条件建立健全内部价格管理制度。完善林业产业经营者价格信用制度，做好信息披露工作，推动实施奖惩制度。协助有关政府部门强化价格执法检查与反垄断执法，依法查处捏造和散布涨价信息、价格欺诈、价格垄断等价格失信行为，对典型案例予以公开曝光，规范市场价格秩序。

(4)加快林业产业工程领域信用建设　推进林业产业工程市场化信用体系建设。加快林业产业工程建设市场信用法规制度建设，配合监管部门完善林业产业工程建设市场各方主体和从业人员信用标准。推进林业产业工程建设领域项目信息公开和信用体系建设，依托政府和行业主管部门、行业社会组织网站，全面设立林业产业工程项目信息和信用信息公开共享专栏，集中公开工程建设项目信息和信用信息，推动建设全国性的林业产业信用检索平台，实现林业产业工程建设项目信息和信用信息公开共享的“一站式”综合检索服务。深入开展林业产业工程质量信用建设，完善林业产业工程建设市场信用准入与退出制度。依托执法部门，加大对发生重大工程质量、安全责任事故或有其他重大失信行为企业及负有责任人员的惩戒力度。建立林业企业和从业人员信用评价结果与资质审批、执业资格注册、资质资格取消等审批审核事项的关联管理机制。建立科学、有效的林业产业建设领域从业人员信用评价机制和失信责任追溯制度，将肢解发包、转包、违法分包、拖欠工程款和农民工工资等列入失信责任追究范围。

(5)加快林业产业电子商务领域信用建设　建立健全林业产业电子商务企业客户信用管理和交易信用评估制度，加强林业产业电子商务企业自身开发和销售信用产品的质量监督。推行林业产业行业电子商务主体身份标识制度，完善网店实名制。依托政府有关部门加强涉林网店产品质量检查，严厉查处林业产业电子商务领域制假售假、传销、虚假广告、以次充好、服务违约等欺诈行为。严厉打击内外勾结、伪造流量和商业信誉行为，对失信主体建立行业限期禁入制度。促进林业产业电子商务信用信息与社会其他领域相关信息的交换和共享，推动林业产业电子商务与线下交易信用评价。完善林业产业电子商务信用服务保障制度，推动信用调查、信用评估、信用担保、信用保险、信用支付、商账管理等第三方信用服务和产品在林业产业电子商务中的推广应用。开展林业产业行业电子商务网站信用认证服务工作，推广应用网站信用标识，为林业产业行业电子商务用户识别假冒、钓鱼网站提供查询、交易平台。

(6)加快林业产业统计领域信用建设　开展林业企业信用统计承诺活动，营造诚实报数光荣、失信造假可耻的良好风气。完善林业产业统计信用评价标准体系，建立健全林业企业统计信用评价制度和统计从业人员信用档案。依托政府有关部门加强林业产业信用执法检查，严厉查处林业产业统计领域的弄虚作假行为，建立林业产业统计失信行为通报和公开曝光制度。

(7)强化林业企业融资信用建设　推动林业产业企业在发债、借款、担保等债权债务信用交易及生产经营活动中受信履约，把统计失信单位与主要涉案人员档案及其违法违规信息纳入金融、工商等行业和部门信用信息系统，将林业产业统计信用记录与企业融资、政府补贴、工商注册登记等直接挂钩，切实强化对统计失信行为的惩戒和制约。

（8）加快林业产业会展、广告、中介服务领域信用建设　推动林业产业展会主办机构信用办展，践行信用服务公约，推广信用服务和产品的应用。加强林业产业广告业信用建设，建立健全广告业信用分类管理制度，打击各类虚假广告，严肃广告制作等环节参与者责任，完善林业产业广告活动主体失信惩戒机制和严重失信淘汰机制。建立完善林业产业中介服务机构及其从业人员的信用记录和披露制度，作为实施信用分类管理的重要依据，探索建立科学合理的林业产业评估指标体系、评估制度和工作机制。

（四）加快推进林业产业社会信用建设

林业产业社会信用体系是我国社会信用体系建设的重要组成部分。没有良好的社会信用基础作为保障，林业产业信用工作将无从谈起。只有林业产业成员之间以诚相待、以信为本，才会形成和谐友爱的人际关系，才能促进林业产业信用工作健康发展，才能有效促进社会文明和生态文明建设进程，才能为实现社会和谐稳定和长治久安作出务林人的贡献。

（1）完善林业产业企业信用管理制度建设　加大林业产业信用企业示范宣传和典型失信案件曝光力度，引导林业产业企业增强社会责任感，在生产经营、财务管理和劳动用工管理等各环节中强化信用自律，改善社会信用环境。鼓励林业产业企业建立客户档案、开展客户信用评价，将客户信用交易记录纳入应收账款管理、信用授信额度计量，建立科学的林业企业信用管理流程，防范信用风险，提升林业企业综合竞争力。

（2）促进林业产业劳动用工单位信用建设　进一步落实和完善林业产业企业劳动保障守法信用制度，制定重大劳动保障违法行为社会公示办法。建立健全林业产业用人单位拖欠工资违法行为公示制度，健全林业产业用人单位劳动保障信用等级评价办法。加强对劳动合同履行和仲裁的管理，推动林业企业积极开展和谐劳动关系创建活动。依托政府有关部门加强劳动保障监督执法，加大对违法行为的打击力度。加强林业产业企业人力资源市场信用建设，规范职业中介行为，打击各种黑中介、黑用工等违法失信行为。

（3）促进林业产业知识产权领域信用建设　出台林业产业知识产权保护信用评价办法，严格按照行业标准进行产品品牌及属性命名，打击虚假、夸大和模糊产品真实属性、违反国家有关法律、法规、标准、规范规定进行名不副实的虚假命名及宣传推广行为，保障社会公众的知情权和监督权。重点打击侵犯林业产业知识产权和制售假、冒、伪、劣商品行为，将知识产权侵权行为信息纳入失信记录，强化对知识产权侵权失信行为的联合惩戒，提升林业产业的知识产权保护意识和社会美誉度。开展林业产业知识产权服务机构信用建设，探索建立林业产业各类知识产权服务标准化体系和信用评价制度。

(4)促进生态环境保护领域信用建设　加强林业产业企业生态环保信用数据的采集和整理，实现林业产业企业生态环境保护工作业务协同与信息共享，完善生态环境信息公开目录。建立林业产业企业生态环境管理、监测信息公开制度，完善林业产业生态环评报告责任追究机制，健全林业产业行业生态环评机构及其从业人员、评估专家信用档案数据库，强化对林业产业行业生态环评机构及其从业人员、评估专家的信用考核分类监管。建立林业企业对所排放污染物开展自行监测并公布污染物排放情况以及重大生态环境事件发生和处理情况制度。建立林业产业企业生态环境行为信用评价制度，定期发布评价结果，并组织开展动态分类管理，根据林业企业的信用等级予以相应的鼓励、警示或惩戒。研究开展林业产业生态环境节能服务信用评价工作，并逐步向全社会定期发布信用评级结果。加强对林业产业环资项目评审专家从业情况的信用考核管理。

(5)加快智慧型林业产业领域信用建设　智慧型林业产业与智慧地球、美丽中国紧密相连。智慧型林业产业的核心是利用现代信息技术，建立一种智慧化发展的长效机制，实现林业产业高效高质发展；智慧型林业产业的关键是通过制定统一的技术标准、统一的税务财务报账票据及统一的管理服务规范，形成互动化、一体化、主动化的运行模式；推进智慧型林业产业的目的是促进林产品原料来源、生产流通、质量检验、品牌标识标注、销售及售后服务等过程的绿色产业发展模式，促进林业资源管理、生态系统构建等协同化推进，实现生态、经济、社会综合效益最大化。

(6)促进林业产业互联网领域信用建设　培育依法办网、信用用网理念，逐步落实网络实名制，完善林业产业网络信用建设的法律保障，大力推进林业产业网络信用监管机制建设。建立林业产业网络信用评价体系，对互联网企业的服务经营行为进行信用评估，记录信用等级。建立涵盖林业产业互联网企业网络信用档案，积极推进建立林业产业网络信用信息与社会其他领域相关信用信息的交换共享机制，大力推动林业产业网络信用信息在社会各领域的推广应用。

(五)加强林业产业诚信教育与诚信文化建设

1. 普及林业产业行业诚信教育，提升行业诚信价值观

加强林业产业诚信价值观教育，以建设社会主义核心价值体系、培育和践行社会主义核心价值观为根本，将诚信教育贯穿林业产业行业公民道德建设和精神文明创建的全过程。推进林业产业行业公民道德建设工程，加强林业产业行业社会公德、职业道德、家庭美德和个人品德教育，传承中华传统美德，弘扬时代新风，在林业产业行业形成“以诚实守信为荣、以见利忘义为耻”的良好风尚。

(1)加强林业产业公共服务人员诚信教育　林业产业行业的党员干部要以身作则、率先垂范，用模范行为带动诚信风尚的形成；林业产业社会工作者、中介服务人员等具有国家与社会资源工作人员直接服务于人民群众生产生活，其诚信言行对于增强人际关系互信具有重要影响。要深入开展公务员等具有国家与社会资源工作人员的诚信、守法和道德教育，增强法律和诚信意识，提高决策和施政透明度，提升政府公信力。

(2)加强林业产业企业主体诚信教育　进一步开展林业产业企业主体的诚信教育和

培训工作，引导林业产业企业把诚信守法经营理念奉为信条，切实负起主体责任，在生产经营、财务管理、履行纳税义务、生态环境管理和劳动用工管理等生产经营管理活动中依法守信，自觉抵制失信行为。

(3)加强林业产业企业全员诚信教育　倡导林业产业企业运用各种教育阵地，对企业员工进行诚信教育，培育诚信文化风尚，传播和滋养诚信价值理念，引导林业产业从业者诚意正心。建立职工诚信考核评价制度，使诚信成为企业职工的基本规范。企业管理部门要把诚信教育作为对企业服务管理的重要内容，融入到证照颁发、业务办理的制度当中，把守信履约作为对企业和企业员工年度考评的重要依据。

(4)加强林业产业教育教学各环节诚信教育　坚持育人为本、德育为先，把诚信教育贯穿林业产业基础教育、高等教育、职业技术教育、成人教育等教育教学和管理服务各环节。构建林业产业诚信教育体系，在德育课、思政课以及道德实践中强化契约精神教育、专题法制教育，研究建立林业院校、科研机构、林业产业学科学生诚信评价办法。建立和规范体现诚信内涵的礼仪制度，把诚信嵌入到林业院校的成人礼、毕业典礼等仪式中。切实加强师德建设，强化诚信执教、为人师表理念，以人格魅力为学生展示“行为示范”。依法依规严肃惩戒林业产业领域学术造假、论文抄袭、考试作弊等失信行为，将国家教育考试诚信档案与社会诚信档案相连通，纳入国家统一征信平台，引导师生以诚立身、诚信做人。

(5)树立、推广林业产业诚信典型　充分发挥电视、广播的宣传引导作用，采用报告文学、小说、诗歌、电影、电视剧等体裁形式，结合“林业产业诚信领军人物”和“林业产业诚信功勋人物”评选，“林业产业企业信用”评价、“林业产业诚信企业”、“林业产业诚信基地”、“林业产业诚信合作社”、“林业产业诚信供应商”、“林业产业诚信采购商”、“林业产业诚信经销商”、“林业产业诚信市场”、“林业产业诚信示范店”、“林业产业诚信服务商”评定、“林业产业诚信企业品牌”推广，《林业产业诚信企业名录》、《诚信林产品名录》发布，大力发掘、树立、宣传林业产业诚信典范，发挥林业产业诚信典型的示范作用，使林业产业从业人员学有榜样、赶有目标，使诚实守信成为林业产业行业的自觉追求。

2. 加快林业产业信用人才培养，建立诚信再教育机制

严格把控准入机制，与各高等院校、科研机构、社会保障和人力资源部门合作建立林业产业信用建设研究院(所)、信用建设院士工作站、信用建设博士流动站等人才培训基地，组织开展林业产业信用管理师、信用培训师、信用评估师等林业产业信用人才培养、职业资格认证和诚信再教育培训，在会计师、信用管理师、信用培训师、信用评估师等信用相关职业人群推行职业准入、持证上岗、专业考评，建立诚信档案，对严重失信行为实行“一票否决”。鼓励林业产业企业建立内部职工信用考核与评价制度。积极开展企业信用管理师培训活动，鼓励和支持有条件的林业企业参与信用管理师培养、培训活动，确保企业信用活动有序进行。

3. 加快开展诚信主题宣传，促进行业诚信文化素质提升

弘扬诚信文化，阐发其蕴涵讲诚信、重承诺的宝贵价值；引导和鼓励林业产业各

级组织和各界成员，参与构建社会主义市场经济发展的诚信文化，践行诚信价值观，正确处理经济利益与道德追求的关系，深刻认识市场经济既是契约经济、信用经济，又是法制经济、道德经济；使诚信价值准则深入林业产业各级组织和各界成员之中，在耳濡目染中恪守诚信规范，形成崇尚诚信、践行诚信的林业产业行业新风尚。发挥报刊、涉林互联网、微博、微信、微视、微电影等新兴媒体和传播手段和优势，运用新闻报道、言论评论、专题节目、公益广告等生动活泼的宣传报道形式，加大传播力度，扩大诚信文化宣传覆盖面，深入宣传阐释“诚信文化”的丰富内涵和理念。深入开展林业产业诚信文化主题宣传活动，有步骤、有重点地组织林业产业行业开展林业产业诚信中国行、林业产业诚信生产、诚信营销、诚信售后服务活动周、林业产业诚信质量月、林业产业诚信安全生产月、林业产业诚信兴商宣传月、林业产业诚信企业“3・5”学雷锋活动日、“3・15”国际消费者权益保护日、“6・14”信用记录关爱日等活动，突出林业产业诚信文化主题，营造林业产业诚信和谐的社会氛围。

（六）加快推进林业产业信用信息平台建设

1. 建立健全林业产业诚信企业品牌评定、管理和推广平台

以国际标准或国内标准为准则，以国际或国内林业相关标准认证贴标的产品作为主体，参考个人护照管理模式，借助 RFID 技术，向林业产业信用体系认证的企业发放品牌认证标签。将标签中加密存储认证企业的唯一标识，作为防伪及溯源的唯一标准，打造林业产业品牌，宣传、推广诚信企业品牌产品。

通过发布在互联网、微博、微信等社交媒体上的林业产业认证和防伪溯源系统接口，评定、管理与推广诚信企业品牌，使社会消费者随时掌握林业产业诚信企业品牌产品信息，以得到持续的诚信保障。利用报纸、杂志、电视、自建网络等平台为林业产业信用体系建设提供宣传推广与监督保障。

开展企业诚信评价工作，根据行业特点评定“中国林业产业诚信基地”、“中国林业产业诚信育苗企业”、“中国林业产业诚信造林企业”、“中国林业产业诚信合作社”、“中国林业产业诚信供应商”、“中国林业产业诚信采购商”、“中国林业产业诚信经销商”、“中国林业产业诚信市场”、“中国林业产业诚信示范店”、“中国林业产业诚信服务商”、“中国林业产业诚信雇主企业”等。

2. 建立健全中国林业产业诚信企业信息交流合作平台

通过林业产业诚信企业信息系统提供诚信可靠的林业产业信用指数，为林业产业诚信企业品牌、林业产业诚信工作提供科学支撑，并以此建立健全林业产业诚信信息发布机制，加强中国林业产业诚信企业信息交流与合作。借助林业产业诚信电子商务，完善林业产业诚信企业品牌信息交流、发布合作机制。基于林业产业诚信企业品牌和诚信平台成功建设，积极引入电子商务技术，打造林业产业诚信产品 B2B、B2C、B2G、B2O、B2P 等综合信用电子交易推广服务平台，进行诚信企业品牌产品的推广及交易，实现诚信企业需求及信息的及时发布，满足供需两个市场的迫切需求。借助全球电商业务大力发展的浪潮，将中国林业产业诚信企业信息交流合作平台建设成为高端林产品的展厅和主要卖场，结合跨界、跨境电子商务应用，推荐林业产业高端产品

走向世界。

3. 建立健全林业产业征信体系管理平台

推进建立自然人、法人和其他组织统一社会信用代码制度，依法收集、整合林业产业行业内公民、法人和其他组织的信用信息，完善林业产业行业信用信息基础数据库，逐步实现林业产业行业信息采集全覆盖，并实现与其他行业无缝隙对接。完善林业产业信用标准体系。制定全国统一的林业产业行业信用信息采集和分类管理标准，统一信用指标目录和建设规范。健全林业产业行业信用信息记录制度，以各类企业和从业人员为重点，把信用信息采集融入注册登记、资质审核、日常监管各个环节，尽快完善安全生产、产品质量、生态环境保护、知识产权、工程建设、物流服务、检验检测等事关人民群众日常生产、生活的林产品信用档案。积极参与国家统一征信平台建设，力争在2017年基本建成林业产业征信平台与金融、工商登记、税收缴纳、社保缴费、质量追踪等信用信息相融合、无缝对接的统一征信平台，形成与覆盖全部社会主体、所有信用信息类别、全国所有区域的信用信息网络体系。

4. 建立健全智慧型林业产业信用信息大数据平台

建设智慧型中国林业产业信息大数据平台，促进各地区、各企业信用信息系统统筹整合，依法推进林业产业信用信息互联互通和交换共享，有效消除信用信息“壁垒”、“孤岛”。依法对信用信息进行分级管理，确定查询权限，促进各类社会主体的信用状况公开透明、可查可核。实现企业数据互通互联、资源共享，实现数据统一管理，全面了解掌握诚信企业统计分析结果。依照大数据平台建设步骤，确定林业产业企业的生产、经营、管理、融资等相关系统中产生的真实数据为数据范围；搭建数据通道，解决各行业、各企业、各系统之间的信息孤岛。建立数据仓库，经过数据清洗、数据转换以及数据标记，为林业产业诚信企业品牌评定提供客观依据，促进林业产业更加规范化、现代化，为产融结合奠定坚实基础。

（七）培育和规范林业产业信用服务市场

发展各类林业产业信用评估、评级与培训等信用服务机构，逐步建立林业产业公共信用服务机构和社会信用服务机构互为补充、信用信息基础服务和增值服务相辅相成的多层次、全方位的信用服务组织体系。

（1）建立健全智慧型林业产业信用民生服务机制　着力解决林企、林农最关心、最直接、最现实问题，深化信息技术在智慧型林业产业、林地智能分析、生态旅游，以及林业产业智慧型商务活动和智慧型林业社区等公共服务领域的应用，构建面向企业、林农及新型林区建设的综合性公共服务平台，努力提升公共服务水平。

（2）建立健全智慧型林业产业信用体系建设　培育发展林业新兴产业，提升林企两化融合水平。全面建设包括土地成分、土壤肥力、酸碱度、农药残留等区域环境及现有林业资源等内容的智慧林地信息公共服务平台，为政府、林企、林农等提供实施准确的综合“林业产业诚信路线图”信息服务。积极推进林业智慧商务系统建设，打造一体化的林产品电子商务平台，构建完善的智慧型林业产业物流体系及林业产业物流园，为林业企业及民众提供智能化、整体化的林业产业商务服务。大力加强林业产业智慧园区、社区建设，通过建立智慧园区、社区服务系统，为林农、林企提供包括信息推送、在线证照办理、视频点播、远程诊断等服务，全面提高对林区的服务水平，大力发展生态旅游，打造智能化、人性化的生态旅游公共服务平台，提高林业自身价值，丰富人们的生活。

(3)推进并规范林业产业信用评级行业发展　增强我国林业产业评级机构的国际影响力。规范发展林业产业信用评级市场，提高林业产业信用评级行业的整体公信力。鼓励我国林业产业信用评级机构参与国际竞争和制定国际标准，加强与其他国家信用评级机构的协调与合作。

(4)建立健全林业产业信用服务产品应用机制　加大林业产业信用服务产品在社会治理和市场交易中的应用。鼓励林业产业信用服务产品开发和创新，推动信用保险、信用担保、商业保理、履约担保、信用管理咨询及培训等信用服务业务发展。

(5)建立健全林业产业政务信用信息有序开放机制　发布林业产业政务信用信息的开放分类和基本目录，有序扩大林业产业政务信用信息对社会的开放，优化林业产业信用调查、信用评级和信用管理等行业的发展环境。

(6)建立健全林业产业信用服务市场监管体制　根据林业产业信用服务市场、机构业务的不同特点，依法实施分类监管。完善监管制度，明确监管职责，切实维护市场秩序。推动建立林业产业信用服务机构准入与退出机制，实现从业资格认定的公开透明，进一步完善信用服务业务规范，促进信用服务业健康发展。强化林业产业信用服务机构内部控制，推动林业产业信用服务机构完善法人治理。

(7)建立健全林业产业信用服务机构自身信用建设机制　提升林业产业信用服务质量，林业产业信用服务机构要确立行为准则，加强规范管理，提高服务质量，坚持公正性和独立性，提升公信力。鼓励各类林业产业信用服务机构设立信用监督官，加强自身信用管理。

(八)强化林业产业信用信息管理

1. 健全林业产业信用信息安全管理体制

完善林业产业信用信息保护和网络信任系统，建立健全信用信息安全监控体系。加大信用信息安全监督检查力度，开展信用信息安全风险评估，实行信用信息安全等级保护。开展信用信息系统安全认证，加强信用信息服务系统安全管理。建立和完善信用信息安全应急处理机制。强化林业产业信用服务机构信息安全防护能力，加大安全保障、技术研发和资金投入，高起点、高标准建设信用信息安全保障系统。依法制定和实施信用信息采集、整理、加工、保存、使用等方面的规章制度。

2. 建立林业产业信用信息主体权益保护制度

充分发挥林业产业行业监管、行业自律和社会监督在信用信息主体权益保护中的作用，综合运用法律、经济和行政等手段，切实保护信用信息主体权益。

(1)建立林业产业信用信息自我纠错、主动自新的社会鼓励机制　加强对信用信息主体的引导教育，不断增强其维护自身合法权益的意识。通过对已悔过改正自己轻微失信行为的企业与社会成员予以适当保护，形成守信正向激励机制。

（2）建立林业产业信用信息侵权责任追究机制 制定林业产业信用信息异议处理、投诉办理、诉讼管理制度及操作细则。依托有关执法部门，进一步加大执法力度，对林业产业信用服务机构泄露国家秘密、商业秘密和侵犯个人隐私等违法行为，依法予以严厉处罚。通过各类媒体披露各种侵害信息主体权益的行为，强化社会监督作用。

（九）实施林业产业信用体系建设专项工程

鼓励各地区、各企业结合规划纲要部署和自身工作实际，在社会信用体系建设创新示范领域先行先试，并在政府投资、融资安排等方面给予支持。

1. 加大投融资力度，为林业产业信用体系建设护航

为林农、林场、“林农 + 林企 + 基地合作社”、林产品生产与加工企业等涉林成员建立信用档案，夯实林业产业信用体系建设信用基础。推进林产品生产、加工、流通和服务等涉林企业信用建设。建立健全林业企业信用联保制度，推进、完善林业企业信用担保体系。建立健全适合林业产业小微企业特点的信用记录和评价体系，完善小微企业信用信息查询、共享服务网络及区域性小微企业信用记录。引导各类信用服务机构为林业产业小微企业提供信用服务，创新小微企业集合信用服务方式，鼓励开展形式多样的小微企业诚信宣传和培训活动，为林业产业小微企业便利融资和健康发展营造良好的信用环境。

2. 充分利用社会资源，推动林业产业信用建设创新示范

推动地方林业产业信用建设综合示范，示范地区率先对本地区各部门、各单位的信用信息进行整合，形成统一的林业产业信用信息共享平台，依法向社会有序开放。示范地区各部门在开展经济社会管理和提供公共服务过程中，强化使用林业产业信用信息和信用产品，并作为政府管理和服务的必备条件。

（1）推动林业产业诚信企业智慧型建设进程示范 装备智能化、林业企业生产管理精细化融合工程建设进程示范。加快林业产业的信息化建设步伐，以企业为载体，加强信息技术在生产、制造、流通、销售、质检、通站通关等各环节的应用，提升林业企业生产装备智能化、林业企业生产管理精细化融合水平，全面提高我国林业生产管理水平及产业竞争力。

（2）推动林业产业区域信用建设合作示范 探索建立区域信用联动机制，开展区域信用体系建设创新示范，推进信用信息交换共享，实现跨地区信用奖惩联动，优化区域信用环境。

（3）推动重点领域和行业信用信息应用示范 在林浆造纸、木竹产品加工、涉林食品药品安全、生态环境保护、安全生产、产品质量标示、林业产业工程建设、涉林原材料来源（尤其是转基因原料）标注、涉林电子商务、涉林证券期货、涉林融资担保、涉林政府采购、涉林招标投标等领域，试点推行林业产业信用报告制度。

（4）加强林业产业诚信企业知识产权研发、保护保密保障制度建设示范 积极鼓励林业产业企业自主研发，加强对林业产业知识产权保护保密工作的引导，建立诚信企业保密管理制度，采取相应的保密措施，切实落实保密工作责任制，严格保守林业企业的信用信息安全。

(5)推进林产品质量监测实时化建设进程　加快建立完善的林产品质量监督检验检测体系，实现采伐、运输、加工、仓储、配送、销售等全过程的数据可追溯、质量可监控、信息可查询。

(十)构建林业产业守信激励和失信惩戒与监督机制

在确定林业产业信用工作参与经济社会发展目标和林业产业发展规划、出台经济社会重大政策和重大林业产业改革措施时，要把讲社会责任、讲社会效益、讲守法经营、讲公平竞争、讲诚信守约作为重要内容，形成有利于弘扬诚信的良好林业产业政策导向、利益机制。

(1)加大对林业产业守信主体的奖励和惩戒力度　加大对林业产业守信行为的表彰和宣传力度，对林业产业诚信企业和模范个人给予表彰，通过新闻媒体广泛宣传，营造守信光荣的舆论氛围。强化行政监管性约束和惩戒，在现有行政处罚措施的基础上，健全林业产业失信惩戒制度，针对失信易发多发的领域，加大监管力度，强化风险排查，提升诚信监管效能。建立林业产业行业黑名单制度和市场退出机制，形成林业产业市场良性约束和惩戒机制。制定林业产业信用基准性评价指标体系和评价方法，完善失信信息记录和披露制度，使失信者在市场交易中受到制约。推动林业产业行业社团组织更好发挥自律作用，制定行业自律规则，加强管理和服务，监督会员遵守，对行业成员形成监督约束，对违规的失信者，按照情节轻重，实行警告、行业内部通报批评、公开谴责等惩戒措施，形成行业性约束和惩戒制度。

(2)加大林业产业社会信用舆论监督机制　按照客观、真实、准确的原则，建立林业产业诚信企业、诚信企业品牌红黑榜名录发布制度，把恪守诚信者列入“红名单”，予以推广；把失信违法者列入“黑名单”，根据违法、违规性质和社会影响程度，分别采取“一对一”警示约谈、“一对多”部门间通报、媒体公开发布等措施，以达到警示作用。充分利用和发挥行业与社会媒体的舆论监督作用，加强对失信行为的披露和曝光，对失信败德、违法违规等典型、严重失信行为，加大打击力度，进行批评揭露，予以公开曝光。发挥群众评议讨论、批评报道等作用，通过社会的道德谴责，形成社会震慑力，约束社会成员的失信行为，推动形成林业产业社会性约束和惩戒机制。对借舆论监督之名，以假新闻手段实施敲诈勒索的新闻从业者、假媒体、假记者，要及时发现、及时查处，提高媒体公信力。

(3)加大林业产业社会信用奖惩联动力度　建立健全有奖举报制度，鼓励群众举报失信违规行为，对举报问题要及时查处。切实落实对举报人的奖励，保护举报人的合法权益。建立多部门、跨地区信用联合奖惩机制。通过信用信息交换共享，实现多部门、跨地区信用奖惩联动，使守信者处处受益、失信者寸步难行。坚持林业产业行政监管、行业管理、社会监督相结合，构建多层面、全过程、广覆盖的监督体系，对各类社会信用主体实施有效监管，从源头上遏制失信行为。有关部门和社会相关单位对列入“黑名单”的失信企业和个人，要共同依法实施惩戒，形成扬善抑恶的制度和社会环境。

四、保障支撑措施和政策建议

1. 加强组织领导

依据国务院《社会信用体系建设规划纲要（2014—2020）》，建议各地区大力推进林业产业信用体系领导机制建设，各林业主管部门应成立林业产业信用体系建设领导小组，下设信用体系与管理建设办公室、林业产业行业信用评价委员会，统筹协调本规划纲要的落实工作，组织推动林业产业信用体系建设各项工作，研究解决信用建设工作中发生的重大事项和问题；建议各地区林业主管部门依据国务院《社会信用体系建设规划纲要（2014—2020）》要求，报当地民政部门批准，成立林业产业信用建设社会组织，协助政府与行业主管部门做好基础工作，为政府和企业服务，充分起到桥梁纽带作用；建议各地区林业产业部门和行业组织高度重视林业产业信用体系建设工作，统筹安排人力、物力、财力，协调解决工作中遇到的困难和问题。

2. 强化责任落实

为确保林业产业信用工作有序开展，建议各级林业主管部门统一思想，按照本纲要总体要求，根据职责分工和工作实际，制定具体落实方案。定期对本地区林业产业信用体系建设情况进行总结和评估，及时发现问题并提出改进措施。对林业产业信用体系建设成效突出的地区、部门和单位，按相关规定予以表彰，对推进不力、失信现象多发的地区、部门和单位负责人，实施行政问责。

3. 完善林业产业信用工作组织协调机制和准入制度

完善以各地林业产业主管部门、社会组织、骨干企业参与的林业产业信用建设工作机制，充分发挥其统筹协调作用，加强对各地区林业产业信用体系建设工作的指导、督促和检查。按照本纲要的总体要求，成立省、自治区、直辖市等各级林业产业信用工作社团组织，加强行业自律，发挥林业产业各类社会组织在推进社会信用体系建设过程中的中坚作用。建议在行政管理领域实行信用准入制度，各级林业主管部门在行政许可、政府采购、招标投标、劳动就业、社会保障、科研管理、管理监督、申请资金支持、评奖评优等领域对林业产业企业（单位）实行信用准入制度，促进林业产业信用体系建设。

4. 加大对林业产业信用体系建设的政策支持力度

（1）积极争取国家政策支持，保障林业产业信用体系建设有序开展　积极参加社会信用体系建设部际、省际（省区市委、办、局）联席会议，将林业产业信用体系建设纳入国家及省、自治区、直辖市政府支持层面，加大林业产业信用体系建设的推进力度。各级林业产业信用组织机构应积极主动与各级地方政府和林业产业主管部门沟通，争取林业产业信用体系建设资金；积极探索建立多元化投融资机制，鼓励引导社会资本投入林业产业信用体系建设，鼓励民间资本投资林业产业信用服务业。

（2）争取财政林业补助资金支持，保障涉林诚信企业得到参与信用建设红利　建议各级林业主管部门依照《中央财政林业补助资金管理办法》，对诚信生产经营的林木良种培育、造林和森林抚育、林产品加工与流通、林业防灾减灾、林业科技推广诚信示范、林业产业信用体系基础设施建设、林业产业诚信示范区、林业产业诚信示范企业、林业产业诚信企业品牌建设推广、重点领域征信创新示范工程等企事业单位，给予中央财政林业补助资金支持。

建议依照《中央财政林业补助资金管理办法》，对诚信经营的林业龙头企业以公司带基地、基地连农户的经营形式，立足于当地林业资源开发、带动林区、沙区经济发展的种植业、养殖业以及林产品加工业贷款项目，各类经济实体营造的工业原料林、木本油料经济林以及有利于改善沙区、石漠化地区生态环境的种植业贷款项目，国有林场(苗圃)、国有森工企业为保护森林资源，缓解经济压力开展的多种经营贷款项目，以及自然保护区和森林公园开展的森林生态旅游贷款项目，农户和林业职工个人从事的营造林、林业资源开发、林产品加工等贷款项目，给予贴息补贴。

——王 满　李志伟　李文军　申胜彪

附录

关于印发《国家森林生态产品生产基地认定管理办法》(试行)、《国家森林生态产品供应商认定管理办法》(试行)的通知

各有关单位：

按照国家林业局关于加强林业产业品牌建设重点工作安排，为加快国家森林生态标志产品体系建设，由我会先期开展国家森林生态产品生产基地和国家森林生态产品供应商认定试点工作。根据有关要求，我会编制了《国家森林生态产品生产基地认定管理办法》《国家森林生态产品供应商认定管理办法》，并经过专家论证会讨论通过，现予印发，请遵照执行。

附件 1　国家森林生态产品生产基地认定管理办法
附件 2　国家森林生态产品供应商认定管理办法

中国林业产业联合会
2015 年 6 月 23 日

附件1 国家森林生态产品生产基地认定管理办法(试行)

第一章 总 则

第一条 为贯彻国家林业局实施林产品品牌战略，提升林产品竞争能力，中国林业产业联合会决定开展森林生态产品生产基地创建工作，特制定本办法。

第二条 森林生态产品，是指在良好森林生态环境中采集、种植、养殖等产品，和以该产品为主要原料进行加工的产品，以及提供与良好森林生态环境相关的服务活动。森林生态产品具有原生态、绿色、健康、安全等特性。

森林生态产品生产基地，是指生产、销售森林生态产品或提供与良好森林生态环境相关服务活动的基地。

第三条 中国林业产业联合会秘书处(以下简称秘书处)负责森林生态产品生产基地认定工作，秘书处可委托下属分支机构承担相关申报受理、组织评审认定、监督检查等日常管理工作。

第四条 地方各级林业产业主管部门应当积极支持本区域内森林生态产品生产基地的认定工作。

第二章 认定申请

第五条 凡涉及森林生态产品生产活动的组织和企事业单位，本着自愿申报原则，均可提出森林生态产品生产基地认定申请。

第六条 申报森林生态产品生产基地应具备下列条件：

1. 基地建设符合国家法律、法规、政策要求。

2. 具有一定规模，相对集中连片，边界清晰，林权明确。

3. 基地应依托于良好森林生态系统，环境土壤、灌溉水、空气、重金属及有害物质、农药最大残留量等环境质量指标应符合国家相关标准。

4. 申报单位依据GB/T 19001-2008和GB/T 24001-2004建立并实施与基地类型、范围和产量相适应的质量管理体系和环境管理体系。

第七条 申报单位应提供下列资料：

1.《森林生态产品生产基地申报表》；

2. 申报单位相关证照复印件(加盖公章)；

3. 申报单位基本情况介绍、基地权属、发展规划、基础设施概述、生产规模、主要产品特性等；

4. 基地森林生态环境的说明；

5. 基地生产管理和产品品质管控情况说明；

6. 如申请人为多个单位的，则应提供申报企业清单、申请区域社会经济概况，包括区域发展历程、现状以及经政府部门审定的区域产业发展规划等；

7. 其它相关证明材料。

第三章　认定程序

第八条　分支机构对申报材料进行初审后，组织专家评审组，对申报主体、基地生态结构与功能、环境质量、产品质量控制等因素进行现场核查，形成评审意见。

秘书处根据需要，可委托有资质的检测机构对申报基地产地环境质量进行复测，在规定时间内形成复测报告。

第九条　秘书处对申报资料、检测报告、评审意见等进行综合评定，做出森林生态产品生产基地认定决定。通过认定决定的，在中国林业产业联合会网站上公示，公示期7天。公示无异议后，由秘书处下发认定文件，颁发“国家森林生态产品生产基地”证书，有效期为三年。

对未通过认定的申请，由秘书处书面通知申报单位并指出存在的问题。

第十条　经认定获得证书的单位，在其产品包装、产品说明以及产品宣传等使用“国家森林生态产品生产基地”字样，必须符合国家法律法规。

第十一条　获证单位应正确使用认定证书，不得涂改、转借。

第四章　监督审查

第十二条　森林生态产品基地获证单位，应加强基地环境与质量安全管理，确保证书有效期内其基本条件、森林生态环境、生产管理、产品品质管控的持续改善。

第十三条　获证单位其基本条件、森林生态环境、生产管理、产品品质管控等发生变化的，应及时向认定机构上报。

第十四条　分支机构可采取抽查方式对获证企事业单位的环境状况和产品质量实施年度监督检查。

第十五条　在认定有效期内，发生下列情况之一的，秘书处撤销其证书：

1. 基地未按本办法规定要求实施管理，措施不落实的；
2. 产地环境状况或产品质量出现重大变化不符合本办法规定条件的；
3. 发生质量安全事故，受到相关法律、法规处罚的；
4. 无正当理由拒绝监督检查或监督检查中发现重大不符合本办法规定条件的；
5. 擅自扩大证书使用范围，或将证书转给其他单位和个人使用的；
6. 其他严重不符合本办法规定条件的。

第十六条　森林生态产品生产基地认定证书有效期到期前3个月，应当申请复认。复认工作由分支机构负责组织实施，符合条件的颁发新的证书，不符合条件的撤销认定。逾期未申请复认的，自动取消其认定资格，证书作废。

逾期未申请复认或复认未通过的，不得继续使用其证书。

第十七条　对弄虚作假通过认定的，一经查实，立即取消，通过媒体公布，并在中国林业产业联合会网站及相关媒体上公布。

第五章　附　则

第十八条　参与森林生态产品生产基地评定的相关机构和人员，应严格按照有关规定、程序开展工作，不得弄虚作假，不得泄露申报单位的商业和技术秘密。

对违反本规定造成经济损失的，对责任人进行经济处罚；有违法行为的，按有关法律法规的规定处罚并承担相应的法律责任。

第十九条 本办法经由中国林业产业联合会秘书处负责解释。

森林生态产品生产基地申报表

<table>
<tr><td>申请单位中文名称</td><td colspan="5"></td></tr>
<tr><td>申请单位英文名称</td><td colspan="5"></td></tr>
<tr><td>组织机构代码</td><td colspan="5"></td></tr>
<tr><td>经济类型</td><td colspan="2"></td><td>企业类型</td><td colspan="2"></td></tr>
<tr><td>注册办公地址</td><td colspan="5"></td></tr>
<tr><td>邮政编码</td><td></td><td>电话</td><td></td><td>传真</td><td></td></tr>
<tr><td>电子信箱</td><td colspan="2"></td><td>网址</td><td colspan="2"></td></tr>
<tr><td rowspan="2">法定代表人</td><td rowspan="2"></td><td colspan="2">职务</td><td>电话号码</td><td>手机号码</td></tr>
<tr><td colspan="2"></td><td></td><td></td></tr>
<tr><td rowspan="2">信息联络人</td><td rowspan="2"></td><td colspan="2">职务</td><td>电话号码</td><td>手机号码</td></tr>
<tr><td colspan="2"></td><td></td><td></td></tr>
<tr><td>邮政编码</td><td></td><td>证书、合同、
发票邮寄地址</td><td colspan="3"></td></tr>
<tr><td>注册资本(万元)</td><td></td><td>员工人数</td><td></td><td>技术人员数</td><td></td></tr>
<tr><td colspan="6">基地基本情况介绍</td></tr>
<tr><td colspan="6"></td></tr>
<tr><td colspan="6">申报理由</td></tr>
<tr><td colspan="6"></td></tr>
<tr><td colspan="6">承诺填报情况属实。
申报单位法定代表人签名：
申报单位公章
年　月　日</td></tr>
<tr><td colspan="2">省级林业产业主管部门
或行业组织审核意见</td><td colspan="4">年　月　日</td></tr>
</table>

注：1. “经济类型”指“国有”“股份制”“私营”等。

2. “企业类型”指“植物采种加工”、“动物养育加工”、“药材采种加工”、“林木采集加工”、“茶叶生产加工”、“竹藤采集种植”、“森林产品服务”、“其他”。

森林生态产品生产基地申报材料清单

序号	材料内容	材料要求
1	《森林生态产品生产基地申报表》	在中国林业产业联合会网站 www. chinalycy. com“下载专栏”栏目下载
2	企业法人营业执照副本复印件	
3	企业组织机构代码证复印件	
4	特种许可证件复印件	
5	原料产地权属证件复印件	
6	相关获证证书复印件	
7	基地森林生态环境状况说明	自然地理、地理风貌、森林小气候特征；森林覆盖率、空气、土壤、灌溉水；防污染与无害化处理措施
8	基地基本条件说明	基地发展设计规划，已投入的各种生产要素，配套的基础设施；监测生产对环境影响监测体系；信息化生产管理水平
9	基地生产管理说明	生产经营规划、管理制度、操作规程；投入品管理及有害生物防治；技术开发能力；人员管理培训
10	基地主要产品品种说明	产品规格、品牌、经济价值、产品的稀缺性和地域特征、科研水平、生产能力与规模、行业影响与地位；产品质量安全标准，在采收、加工、包装、运输、储存等环节的品质管控和追溯
11	多方共同申报补充材料	申报企业清单、申请区域社会经济概况，包括区域发展历程、现状以及经政府部门审定的区域产业发展规划

附件2　国家森林生态产品供应商认定管理办法(试行)

第一章　总　则

第一条　为了贯彻国家林业局实施林产品品牌战略，推进国家森林生态标志产品体系建设，提升林产品市场竞争能力的指示精神，加强对森林生态产品生产、销售环节的管理，促进森林生态产品供应商品牌体系建设，特制订本办法。

第二条　森林生态产品，是指在良好森林生态环境中采集、种植、养殖等产品，和以该产品为主要原料进行加工的产品，以及提供与良好森林生态环境相关的服务活动。

森林生态产品供应商，是指生产和销售森林生态产品，或提供与良好森林生态环境相关服务活动的企业组织。

第三条　中国林业产业联合会秘书处(以下简称秘书处)负责森林生态产品生产基地认定工作，秘书处可委托下属分支机构承担相关申报受理、组织评审认定、监督检查等日常管理工作。

第四条　地方各级林业产业主管部门应当积极支持本区域内森林生态产品供应商的认定工作。

第二章　认定申请

第五条　凡从事森林生态产品生产经营活动的企业组织(以下简称申报单位)，本着自愿申报原则，均可向分支机构提出森林生态产品供应商认定申请。

第六条　申请森林生态产品供应商认定的申报单位应具备以下条件：

1. 具有独立法人资格；
2. 建立和健全良好的质量与环境管理体系、产品追溯体系；
3. 具有完善的售前售后服务体系，用户对其产品和服务质量满意程度高；
4. 具有良好的商业信誉和社会声誉，在生产经营活动中没有违法记录。

第七条　申报单位应提供下列资料：

1.《森林生态产品供应商申报审核表》(详见附件)；
2. 企业法人营业执照、税务登记证及其他有关资信证明；
3. 产品原料来源于良好森林生态环境的证明材料；
4. 生产工艺、产品质量符合国家有关标准的证明文件；
5. 申报单位相关经营情况及业绩；
6. 产品生产、销售和服务等有关资质证明文件；
7. 其他需要提供的有效证明材料。

第八条　对于不符合规定的申报材料，可要求申报单位在规定时间内补齐，逾期不补齐或补齐后仍不符合要求的，不提交评审。

第九条　所报资料必须真实、可靠，不得弄虚作假，资料一经发现有假，即视为无效，提供虚假资料的单位，三年内不得申报森林生态产品供应商。

第三章　认定程序

第十条　分支机构接到申报材料后进行初审，并组织评审组(3 人以上)，依据申请单位提交的材料进行评估，提出评审意见，必要时进行实地核查。

第十一条　秘书处对企业申报资料、产品抽样检验报告、评审意见等进行综合评定，做出森林生态产品供应商认定决定。通过认定决定的供应商，在中国林业产业联合会网站上公示，公示期 7 天。公示无异议后，由秘书处下发认定文件，颁发“国家森林生态产品供应商”证书，有效期三年。

对未通过认定的申请，由秘书处书面通知申报单位并指出存在的问题。

第四章　监督管理

第十二条　分支机构负责组织森林生态产品供应商的监督检查。检查内容包括供应商产品质量与安全管理情况、采购供应协议的履约情况、服务质量的反馈情况、投诉及处理结果、消费者的满意度等。

第十三条　获证单位应严格按照本办法规定，加强产品品牌建设，实行质量监督和跟踪制度，确保产品质量和信誉。

第十四条　在认定有效期内，发生下列情况之一，由秘书处撤销其认定资格，收回证书，并在中国林业产业联合会网站及相关媒体上公布。

1. 弄虚作假获得资格认定的；
2. 出现重大产品质量与安全事故，造成不良社会影响的；
3. 出现严重商业违约行为的；
4. 无正当理由，拒绝监督检查和监督检查不符合要求的；
5. 出现其他严重不符合森林生态产品供应商认定标准情形的。

第十五条　森林生态产品供应商认定证书有效期到期前 3 个月，应当申请复评。复评工作由分支机构负责组织实施，符合条件的颁发新的证书，不符合条件的撤销认定。逾期未申请复评的，自动取消其认定资格，证书作废。

第五章　附　则

第十六条　参与森林生态产品供应商评定的相关机构和人员，应严格按照有关规定、程序开展工作，不得弄虚作假，不得泄露申报单位的商业和技术秘密。

对违反本规定造成经济损失的，对责任人进行经济处罚；有违法行为的，按有关法律法规的规定处罚并承担相应的法律责任。

第十七条　本办法经由中国林业产业联合会秘书处负责解释。

森林生态产品供应商申报审核表

<table>
<tr><td>单位名称</td><td colspan="3"></td></tr>
<tr><td>地　址</td><td></td><td>邮　编</td><td></td></tr>
<tr><td>法定代表人</td><td></td><td>手　机</td><td></td></tr>
<tr><td>联系人</td><td></td><td>电　话</td><td></td></tr>
<tr><td>手　机</td><td></td><td>电子邮箱</td><td></td></tr>
<tr><td>工厂地址</td><td colspan="3"></td></tr>
<tr><td>工厂联系方式</td><td colspan="3"></td></tr>
<tr><td>资产规模</td><td></td><td>员工人数</td><td></td></tr>
<tr><td>销售人数</td><td></td><td>品控人数</td><td></td></tr>
<tr><td>主要产品和品牌名称</td><td colspan="3"></td></tr>
<tr><td>主要原料及来源</td><td colspan="3"></td></tr>
<tr><td>原料地森林生态环境说明</td><td colspan="3"></td></tr>
<tr><td>生产工艺说明</td><td colspan="3"></td></tr>
<tr><td>产品质量、安全标准管控说明</td><td colspan="3"></td></tr>
<tr><td>基础设施情况说明</td><td colspan="3"></td></tr>
<tr><td>年产销规模</td><td></td><td>年销售额（万元）</td><td></td></tr>
<tr><td>年出口量</td><td></td><td>年出口额</td><td></td></tr>
<tr><td>产品销售区域</td><td colspan="3"></td></tr>
<tr><td>产品销售渠道</td><td colspan="3"></td></tr>
<tr><td colspan="4">企业及产品基本情况介绍</td></tr>
<tr><td colspan="4"></td></tr>
</table>

（续）

<table>
<tr><td colspan="2">申报理由</td></tr>
<tr><td colspan="2"></td></tr>
<tr><td colspan="2">承诺填报情况属实。
申报单位法定代表人签名：
申报单位公章
年　月　日</td></tr>
<tr><td>省级林业产业主管部门或行业组织审核意见</td><td>年　月　日</td></tr>
<tr><td>初审意见</td><td>年　月　日</td></tr>
<tr><td>专家评审意见</td><td>年　月　日</td></tr>
<tr><td>中国林业产业联合会秘书处认定意见</td><td>年　月　日</td></tr>
</table>

关于开展林业产业行业信用评价的通知

各有关单位：

为全面贯彻落实国务院《社会信用体系建设规划纲要（2014～2020年）》和《中国林业产业信用体系建设规划纲要（2015～2020）》精神，根据商务部信用工作办公室、国务院国有资产监督管理委员会行业协会联系办公室于2014年12月28日联合下发《关于公布第12批行业信用评价参与单位的通知》（商信用函［2014］2号）及国家林业局2015年重点工作的相关要求，加快我国林业产业信用建设，经研究并报有关领导批准，我会决定与商务部所属信用评价机构国富泰信用管理有限公司在全国范围内开展林业行业信用评价工作。有关事项具体通知如下：

一、评价目的

建立和完善林业产业行业信用体系，提高会员单位的诚信意识和风险防范能力，增强行业自律水平，规范行业内部竞争秩序，在林业产业行业树立“诚信守法为荣，失信违法为耻”的良好风尚，促进林业产业行业持续健康发展。

二、基本原则

遵循会员单位自愿申报，评价过程透明，符合公平、公正、公开的原则。

三、申报条件

（1）中国林业产业联合会会员单位（含入中国林业产业联合会各分支机构、中国林业产业诚信联盟成员单位）；

（2）依法登记注册的企业法人和其他经济组织；

（3）成立已满3个会计年度，近3年均有主营业务收入，企业处于持续经营状态，非即将关、停的企业。

四、申报程序

（1）申请林业产业行业信用等级评价的企业，请填写《中国林业产业行业企业信用评价报名表》（见附件），加盖公章后传真至中国林业产业联合会诚信管理办公室。

（2）审核通过后，联合会为企业开通用户名。企业登录中国林业产业诚信网（www. cfiin. org），进入商务部所属信用评价机构国富泰信用管理有限公司信用等级评价在线填报系统(http://12312.bcpcn.com)。按填报要求在线填写申报书，填写完成后在线打印申报书。

(3)企业按照申报书中《企业提交证明及相关材料目录》要求准备相关材料。申报材料用A4纸打印并装订成册，加盖公章后一式两份邮寄至中国林业产业联合会诚信管理办公室。

五、时间安排

企业申报及资料截止时间：本通知发布之日起至2015年9月30日。

结果发布：2015年11月30日前发布2015年行业信用评价结果。

六、评定程序

1. 评定

由商务部所属信用评价机构国富泰信用管理有限公司组织相关专家对参评企业进行信用等级评价，并在征求相关机构、用户等意见的基础上，拟定参评企业的信用等级。

由商务部所属信用评价机构国富泰信用管理有限公司组织相关专家组成信评委，组织召开专家评审会议，依据评价标准，对第三方信用评价机构给出的参评企业信用参考等级进行审核，确定参评企业的信用等级。

2. 公示

将评为A级以上初评企业名单通过中国市场秩序网、中国商务信用平台、中国林业产业联合会官网、中国林业产业诚信网及其它网站和刊物进行公示，向社会征询意见。未被评定为A级以上的企业将由联合会将向其出具本次评定意见。

3. 终审并备案

对公示期间所收到的实名反馈的信息进行认真核查，最终确定参评企业的信用等级，并纳入信用档案。评价结果报商务部和国资委备案。

4. 颁证

向A级以上信用企业颁发由商务部和国资委统一设计样式、统一编号的行业企业信用等级证书和牌匾，并给企业提交《林业产业行业企业信用等级评价报告》。

七、评价结果的应用

(1)刊登在由商务部和国资委出版的《中国行业信用评价A级以上企业名录》及光盘上(每年出版一次)，向驻华使领馆、驻外经商参机构、相关政府部门、金融机构、及国际相关行业组织推荐。

(2)上报商务部和国资委进行统一备案，并在“诚信兴商宣传月”活动、广交会、森林食品交易博览会、诚信企业品牌高峰论坛等场合宣传。

(3)评价结果将在“中国林业产业网”、“中国林业产业诚信网”、“中国市场秩序网”、“中国商务信用平台”等网站和《中国林业产业》杂志、《中国林业产业联合会会员名录》、《诚信参考》以及联合会组织的各种大型行业活动上发布信息、进行推广。

(4)企业信用信息将纳入商务部全国行业信用等级评价数据库及中国商务信用平台企业信用数据库。

(5)在中国商务信用平台上公示参评企业，为每家企业建立评级公告页，并通过新浪、腾讯、搜狐微博等同步宣传诚信企业。

(6)获得信用等级的企业将被赋予唯一的信用二维码，通过移动终端可随时随地查询企业信用信息。

(7)信用评价结果将作为政府采购、招投标和市场准入的重要依据。

八、评价费用

按照《中国林业产业联合会行业信用评价费用管理规定》，本着“为行业服务、不以盈利为目的、收支平衡”的原则，每家参评企业的信用评价评审费9000元(范围仅限于聘请第三方机构评审费、信用评价报告费、专家评定费、证牌工本费等成本费用)。

汇款账户信息如下：

户名：中国林业产业联合会

开户行：中国民生银行和平里支行

账号：0126 0144 0000 0015

九、联系方式

中国林业产业联合会诚信管理办公室

联系人：李广龙　李文军　申胜彪　何　珍

电话：010-64285978、010-64211350、010-64211351

传真：010-64211351

地址：北京市和平里东街18号国家林业局院内

邮编：100714

信箱：lycychengxin@ sina. com

网址：www. cfiin. org

附件：中国林业产业联合会企业信用等级评价报名表

附件　中国林业产业联合会企业信用等级评价报名表

中国林业产业联合会：

为加强企业的诚信建设，提升企业的市场竞争能力，完善行业信用体系建设，我单位已对相关文件进行了研究，决定自愿参加贵会主办的“行业信用等级评价”活动，特提出申报意向。

企业名称			
工商注册号		组织机构代码	
联系人		部门及职位	
联系电话		手机	
联系传真		E-mail	
企业网址			
地址及邮编			

承诺书

本企业自愿申请参加中国林业产业行业企业信用等级评价活动。本企业承诺，在申请本行业企业信用评价中所提交的证明材料、数据和资料全部真实、合法、有效。

年　　月　　日

（申报单位盖章）

中国林业产业联合会苗木分会加强行业自律规范树木移植倡议书

为认真贯彻党的十八大做出的建设生态文明的重大部署，认真落实《全国绿化委员会国家林业局关于进一步规范树木移植管理的通知》和《国家林业局关于切实加强和严格规范树木采挖移植管理的通知》(以下简称“两个通知”)，中国林业产业联合会苗木分会携手苗木业界全体同仁郑重发出如下倡议：

一、以“两个通知”为准绳，不违法采挖大树、古树。坚决禁止采挖古树名木；原生地天然濒危、珍稀树木；名胜古迹和革命纪念地的树木；国家一级保护野生植物；国家级公益林、自然保护区、省级以上森林公园、国家重点林木良种基地以及生态脆弱和生态区位重要地区的树木；坡度25度以上林地内树木；县级以上人民政府规定严禁采挖的树木。从严控制采挖其他区域郁闭度低于0.6的林分。严格按照抚育设计，结合森林抚育进行树木采挖。

二、自觉摒弃急功近利的意识和行为，不在城乡绿化中使用违法违规采挖的大树古树。坚持把适地适树作为造林树种选择和苗木规格确定的基本原则，主动接受国土绿化作业审批机制的监管，自觉把控苗木树龄、规格大小、苗(树)木来源等关键关口，推动生态绿化苗木产业健康、规范、可持续发展。

三、建设生态绿化苗木产业基地，满足城乡绿化苗木需求。整合生态绿化苗木产业各类资源，培育生态绿化苗木产业龙头企业，推广先进育苗技术，努力培育数量充足、质量优良、品种对路、结构合理、适应城乡绿化需求的生态产品。总结推广充分利用天然更新的幼树，建设大规格苗木基地的典型，积极探索林苗一体化发展模式。鼓励以森林经营为主要目标，以大苗栽植代替大树移植。

四、强化行业自律功能，完善苗木行业自我约束机制。以贯彻国家法律、法规、政策，强化苗木行业自我规范、自我协调为重点，围绕规范树木移植，组织业内成员共同制定以“倡导生态道德、抵制竭泽而渔；维护行业声誉、抵制急功近利；遵守法律法规、抵制违法采挖；增强红线意识、抵制违规经营”为主要内容的行规行约。逐步建立苗木来源合法性可追溯制度和质量标识制度，使其成为全国苗木业界自我管理、自我约束的制度规范。

五、开展系列活动，营造规范树木移植的社会环境。开展资质发布活动，建立公众树木移植监督平台。对已获得各级林业主管部门核发的林木种子生产许可证、林木种子经营许可证和各级住建部门核发的城市园林绿化资质的企业，在自愿的前提下，通过“国家苗木信息网”公开发布，接受公众监督，使苗木业界企业、个人的资质和声誉得到保证。开展禁入门槛设定活动，建立苗木企业诚信档案。对违反“两个通知”规定，使用大树古树用于城乡绿化的进行公开曝光。开展知名会员宣传推介活动，向全国推出遵守“两个通知”规定和行业自律规范表现突出的苗木行业知名企业和个人，并作为林业产业创新奖(苗木类)评审的重要条件。

中国林业产业联合会苗木分会号召苗木业界全体同仁按照“两个通知”要求，牢固树立尊重自然、顺应自然、保护自然的生态文明理念，加强行业自律、规范树木移植，为国土山川秀美、城乡山清水秀做出更大贡献，努力使我们今天从事的生态绿化苗木产业不给历史留下遗憾，而给后人留下赞叹！

2014 年 4 月

后记

中国林业产业联合会受国家林业局委托，承担组织编写《中国林业产业发展指南》(下称《指南》)。《指南》分为四个部分，即总论、贾治邦《论生态文明》一书研讨、指南研究制定的支撑报告和林业产业热门话题。其中总论收录了林业产业发展的概况和趋势性文章，贾治邦《论生态文明》一书研讨收录了在《论生态文明》座谈会上的讲话，指南支撑报告收录了造纸、装饰纸和森林认证等关键性话题，林业产业热门话题收录了诚信体系建设规划纲要等篇章；另，附录部分还收录了森林生态产品的相关管理办法及相关的行业活动通知。希望本《指南》有助于读者更加详细地了解我国林业产业发展的新情况和新走势。

本次指南的编写目的在于指明林业产业发展趋势，促进我国生态林业和民生林业的全面实现，推动林业产业转型升级，提升林业企业社会竞争力和影响力，为建设美丽中国，促进生态文明建设，实现小康社会做出林业产业的贡献。在本书的编写过程中，我们依据优质、前瞻、对产业发展有指导作用，有利于为林业产业决策提供支持的原则，借鉴、收录了多名奋战在林业产业一线同志的研究成果或文稿，在此深表敬意，并致以诚挚谢意！

由于时间仓促，加上水平有限，缺点和谬误之处在所难免，敬请读者能就本书的整体策划、内容编排、编校质量等方面提出宝贵意见和建议，以便我们在下一年度的工作中改正。编辑部办公室设在中国林业产业联合会秘书处，具体联系方式如下，欢迎各界人士与我们联系和协作。

地址：北京市东城区和平里东街18号 国家林业局院内

邮政编码：100714

电话：010－84238687　　传真：010－84238372

中国林业产业联合会
2015年11月